高等职业教育智能网联汽车技术专业教材

智能网联汽车线控技术
Zhineng Wanglian Qiche Xiankong Jishu

段卫洁　景忠玉　**主　编**

侯红宾　张　利　王新新　**副主编**

缑庆伟　**主　审**

人民交通出版社股份有限公司
北京

内 容 提 要

本书是高等职业教育智能网联汽车技术专业教材。全书分为五个模块，主要内容有：智能网联汽车线控技术概述、智能网联汽车线控转向技术、智能网联汽车线控制动技术、智能网联汽车线控驱动技术、智能网联汽车线控系统改装。

本书可作为高职高专院校智能网联汽车技术专业的教学用书，也可作为从事汽车智能技术、智能网联汽车技术专业相关技术人员的培训教材。

图书在版编目(CIP)数据

智能网联汽车线控技术/段卫洁，景忠玉主编. —北京：人民交通出版社股份有限公司，2022.7
ISBN 978-7-114-17967-9

Ⅰ.①智… Ⅱ.①段… ②景… Ⅲ.①汽车—线路—智能控制—高等职业教育—教材 Ⅳ.①U463.62

中国版本图书馆 CIP 数据核字(2022)第 080436 号

书　　名：	智能网联汽车线控技术
著　作　者：	段卫洁　景忠玉
责任编辑：	翁志新
责任校对：	孙国靖　魏佳宁
责任印制：	刘高彤
出版发行：	人民交通出版社股份有限公司
地　　址：	(100011)北京市朝阳区安定门外外馆斜街 3 号
网　　址：	http://www.ccpcl.com.cn
销售电话：	(010)59757973
总　经　销：	人民交通出版社股份有限公司发行部
经　　销：	各地新华书店
印　　刷：	北京市密东印刷有限公司
开　　本：	787×1092　1/16
印　　张：	8.75
字　　数：	208 千
版　　次：	2022 年 7 月　第 1 版
印　　次：	2022 年 7 月　第 1 次印刷
书　　号：	ISBN 978-7-114-17967-9
定　　价：	39.00 元

(有印刷、装订质量问题的图书由本公司负责调换)

前言 | PREFACE

近年来,全球新一轮的科技革命和产业变革加速演进,新一代信息技术及其深度应用已经推动人类社会步入新的发展阶段,智能经济蓬勃发展,对经济社会发展影响深远。汽车技术的发展日新月异,电动化、网联化、智能化、共享化成为汽车产业发展潮流和趋势。目前,我国汽车产业迅速发展,自主品牌市场份额逐年提高,关键零部件供给能力明显增强,新能源汽车产业体系日渐完善,电池、电机、电控系统及整车具有较强的国际竞争力,这为智能汽车的发展奠定了坚实的基础。2015年5月,国务院印发《中国制造2025》,汽车被列入"十大重点领域","智能网联汽车"首次在国家政策层面正式提出。2019年9月,中共中央、国务院印发《交通强国建设纲要》,提出加强智能网联汽车(智能汽车、自动驾驶、车路协同)研发,形成自主可控完整的产业链。国家发展和改革委员会、工业和信息化部等11个部门联合发布《智能汽车创新发展战略》,提出到2025年,实现有条件自动驾驶的智能汽车达到规模化生产,实现高度自动驾驶的智能汽车在特定环境下市场化应用。2021年2月,国务院印发《国家综合立体交通网规划纲要》,提出推进智能网联汽车(智能汽车、自动驾驶、车路协同)应用,推动智能网联汽车与智慧城市协同发展。在政策、技术与市场等多重因素的影响下,汽车产业作为国民经济的重要支撑产业,与能源、交通、信息通信等领域有关技术加速融合,正朝着网联化、智能化进程加速推进。智能网联汽车技术的发展已进入快车道。然而,目前国内高职院校汽车专业人才培养供给难以满足智能网联汽车产业发展需求。

2021年4月,中国汽车工程学会、国家智能网联汽车创新中心发布了全国职业院校《智能网联汽车专业建设白皮书(2021版)》,为职业院校智能网联汽车技术专业建设提供了思路。为了抓住汽车产业智能化发展战略机遇,满足行业对智能网联汽车技术专业人才的需求,加快推进智能汽车技术创新发展,人民交通出版社股份有限公司组织相关院校教师与企业专家共同开发了高等职业教育智能网联汽车技术专业教材。本套教材具有以下特点:

1. 以爱党、爱国、爱社会主义、爱人民、爱集体为主线,围绕政治认同、家国情怀、文化素养、宪法法治意识、道德修养等因素,深入挖掘教材内容中蕴含的思政资源,提炼并利用教材思政元素,寓价值观引导于知识传授和能力培养之中,帮助学生树立正确的世界观、人生观、价值观,实现全员全程全方位育人。

2. 立足先进的职业教育理念,紧跟汽车新技术的发展步伐,结合智能网联汽车技术专业的人才培养模式和课程体系设置等进行教材内容设置,及时反映产业升级和行业发展需求,体现新知识、新技术、新工艺、新方法、新材料。

3. 以就业为导向,以职业能力培养为核心,注重学生实践应用能力的培养和技能的提升,使学生培养过程实现"理实一体",旨在为行业培养高素质的智能网联汽车技术技能人才。

4. 教材呈现形式立体化,借助现代信息技术,科学整合多媒体、多形态、多层次的教学资源,教材的知识点以二维码链接数字资源,满足学生个性化学习的需求,提升教材使用体验。

《智能网联汽车线控技术》是本系列教材之一,北京交通运输职业学院段卫洁、景忠玉任主编,北京交通运输职业学院侯红宾、张利,苏州清研车联教育科技有限公司王新新任副主编,北京交通运输职业学院伊春雨、张新敏、李冬梅参与本教材编写。全书由北京交通运输职业学院绥庆伟主审。在教材编写过程中得到了苏州清研车联教育科技有限公司的大力支持,在此表示衷心的感谢。作者在编写过程中引用了相关文献和资料,特向其作者表示诚挚的谢意。

智能网联汽车技术是一个新专业,涉及的新技术较多,限于作者水平,书中难免出现疏漏或错误之处,恳请读者批评指正。

作 者
2022 年 3 月

目录 | CONTENTS

模块一 智能网联汽车线控技术概述 ·· 1
    一、线控技术的起源与发展 ·· 1
    二、线控系统的关键技术 ··· 6
    拓展阅读 ·· 9
    技能实训 ·· 9
    思考与练习 ·· 13

模块二 智能网联汽车线控转向技术 ·· 14
    一、传统汽车转向系统 ·· 14
    二、线控转向系统的应用 ··· 24
    三、线控转向系统性能测试 ·· 29
    拓展阅读 ·· 33
    技能实训 ·· 33
    思考与练习 ·· 51

模块三 智能网联汽车线控制动技术 ·· 53
    一、传统汽车制动系统 ·· 53
    二、线控制动系统的应用 ··· 58
    三、线控制动系统性能测试 ·· 63
    拓展阅读 ·· 67
    技能实训 ·· 67
    思考与练习 ·· 78

模块四 智能网联汽车线控驱动技术 ·· 80
    一、传统汽车车速控制 ·· 80
    二、线控驱动系统的应用 ··· 81
    三、线控驱动系统性能测试 ·· 91
    拓展阅读 ·· 95
    技能实训 ·· 96
    思考与练习 ·· 101

模块五 智能网联汽车线控系统改装 ························· 103

一、整体改装方案设计 ························· 103
二、底层控制器设计 ························· 107
三、线控转向系统 CAN 通信控制原理认知 ························· 110
四、线控制动系统 CAN 通信控制原理认知 ························· 114
拓展阅读 ························· 115
技能实训 ························· 115
思考与练习 ························· 132

参考文献 ························· 133

模块一　智能网联汽车线控技术概述

学习目标

▶ **知识目标**

1. 了解线控的概念；
2. 了解线控的起源和发展。

▶ **技能目标**

1. 能够在车辆上指明线控驱动系统、转向系统、制动系统部件所在位置；
2. 能够依据操作规范实车认知线控系统，小组内互相讲述线控系统的功能与组成。

▶ **素养目标**

1. 养成良好的学习习惯，树立高尚的职业道德；
2. 具有良好的组织纪律性和团队合作精神；
3. 通过学习我们国家自动驾驶技术的发展状况，提升民族自信心、自豪感。

建议课时

6 课时

一　线控技术的起源与发展

（一）什么是线控技术

线控技术（X-By-Wire）最早应用在航空领域，是在控制单元和执行器之间用电子装置取代传统的机械连接装置或液压连接装置，由无线控制信号取代机械传动部件来实现其控制目的。图 1-1 中，小朋友正在努力地推着小车，此时，小朋友与小车之间形成了硬连接，小车的速度完全取决于推力的大小，这就相当于传统的机械连接装置；遥控车则是典型的利用无线电信号来实现操控，前进、后退、转弯都是依靠不同的信号指令来完成，操作者与遥控车之间没有硬连接装置。

机械硬连接　　　　→　　　　电信号

图 1-1　线控的体现

由于线控系统取消了传统的气动、液压及机械连接装置,取而代之的是传感器、控制单元及电磁执行机构,所以减少了复杂的机械传动机构,减小了质量,降低了能耗,降低了制造成本,控制更简洁,同时在整个控制过程中增加了计算机控制环节。

(二)线控技术的起源

线控技术源于美国国家航空航天局(National Aeronautics and Space Administration,NASA)1972年推出的线控飞行技术(Fly by Wire)的飞机。

线控技术的起源

随着时代的发展,技术的进步,飞机上的线控技术逐步迁移到汽车上。汽车线控技术将驾驶员的操纵动作信息通过传感器转变为电信号,通过线路传输到执行机构。目前汽车的线控技术应用的系统主要有:线控转向系统、线控驱动系统、线控制动系统、线控悬架系统和线控换挡系统等,如图1-2所示。可以通过分布在车上的传感器实时获取驾驶员的操作意图和汽车行驶中的参数信息,将车辆信息反馈给控制器,控制器对这些信息进行处理和分析,得出正确的控制参数传递给各个执行机构,从而实现对汽车的控制,提高车辆的转向性能、动力性能、制动性能和乘坐舒适性能。

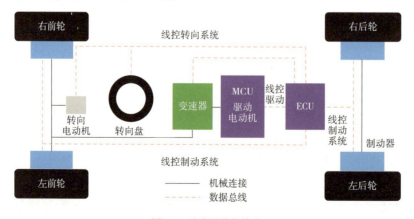

图 1-2　汽车的线控技术

随着汽车电子技术的发展,汽车逐渐向集成化、模块化、机电一体化及智能化方向发展。并且由于微电子器件的成本降低、可靠性提高,电力电子装置的功能性增强、成本降低,使得线控技术逐渐在汽车上得以普遍应用。线控转向模块等底盘系统相关的机电一体化产品和技术也进入了一个新的发展高度。

(三)国内外线控技术的发展历程与现状

1. 国外线控技术的发展历程与现状

20 世纪 50 年代,美国天合汽车集团(TRW)联合其他的转向系统开发商就曾经试图将转向盘和转向车轮之间用控制信号来取代机械连接,这就是早期关于线控转向系统的设想。20 世纪 60 年代末,德国也设计了与此类似的主动转向系统,这便是最早的线控转向系统。第一款使用线控技术的汽车是萨博 9000,如图 1-3 所示。

奔驰公司于 1990 年开始了前轮线控转向系统的深入研究,并将其开发的线控转向系统应用于 F400 Carving 概念车上,该技术在车辆的转向、制动、悬架及车身控制等系统均得到了应用。在 2000 年 9 月的法兰克福卡车展览会上,奔驰与采埃孚展示了它们的线控转向系统。随后欧美各大汽车厂家、研究机构,都对汽车线控系统做了深入研究。

克莱斯勒公司开发了电子驱动概念车 R129,该车取消了转向盘、加速踏板和制动踏板,完全采用操纵杆控制,实现了线控驱动(Drive-By-Wire,DBW)技术。德国宝马汽车公司开发了 Z22 概念车,如图 1-4 所示,应用了线控转向(Steer-By-Wire,SBW)、线控制动(Brake-By-Wire,BBW)及线控换挡技术。

图 1-3　萨博 9000

图 1-4　宝马 Z22 概念车

2001 年第 71 届日内瓦国际汽车展览会上,意大利 Berstone 汽车设计及开发公司展示了新型概念车 FILO。该车采用了线控技术,所有的驾驶动作都通过信号传递,使用操纵杆进行转向操作,并采用最新的 42V 供电系统。2002 年巴黎车展上,通用汽车公司曾推出一款氢燃料驱动—线传操作的 Hy-Wire 概念车。2003 年日本丰田公司在纽约国际车展上展出了 Lexus HPX 概念车,该车采用了线控转向系统,在仪表盘上集成了各种控制功能。2004 年,德尔福公司推出了混合线控制动系统(Hybrid Brake-by-wire),在两个后轮上用发电机—盘式制动器来替代传统的液压盘式制动器,同时还搭载了电动驻车制动系统;而奔驰公司推出的 SL 500 是世界上首次采用线控制动技术的量产车型,如图 1-5 所示。

2013 年,在北美车展上,英菲尼迪的 Q50 成为第一款应用"线控主动转向"的量产车型,如图 1-6 所示。线控主动转向技术是汽车进入自动驾驶时代最重要的技术之一。线控主动转向系统使车辆能够快速地完成入弯、切弯、出弯的连续动作。2017年耐世特公司开发了由"静默转向盘系统"和"随需转向系统"组成的线控转向系统,该系统可随需转向,在自动驾驶时转向盘可以保持静止,并可收缩至组合仪表上,从而提供更大的车内空间。

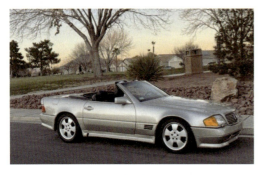

图1-5　奔驰SL 500

图1-6　英菲尼迪Q50

2. 国内线控技术的现状

我国对线控技术的研究起步较晚,与国外先进水平差距较大。吉林大学、同济大学、武汉理工大学等院校以及相关科研机构对线控技术进行了相关的研究,线控技术也逐步成为我国汽车领域的重点研究方向。吉林大学提出了线控转向系统理想转向传动比的概念,并设计了稳态增益与动态反馈校正控制算法,开发了线控转向试验车,进行了控制算法的实验验证。武汉理工大学对线控转向系统的控制策略和相关控制器进行了研究。江苏大学也对线控转向系统的硬件在环系统进行了研究。北京理工大学针对线控转向系统提出了基于线控转向系统的主动转向控制策略以及全状态反馈控制算法,并进行了仿真验证,取得了一定成果。

图1-7　春晖三号

2004年,同济大学研制出搭载了线控转向系统的"春晖三号"(图1-7)并于工博会上展出,该车最大特点是将驱动、制动、测速、悬架分别集成了4个独立模块,充分发挥电动机控制灵活、快速的优势,成为展会的亮点之一。

2020年3月,长安全新跨界车型长安UNI-T在重庆实现了量产。该车在交通拥堵情况下,需要驾驶员监控前方,可实现驾驶员的长时间脱脚、脱手,车载传感器采集车速信号、转向盘转角等信号通过电子控制单元进行信息处理后给转向盘操纵模块和制动器操纵模块发送指令,完成车辆横向运动与纵向运动的协调控制。

在电动化、智能化背景下,车辆的驱动系统、制动系统和转向系统都可以实现线控。将分布式ECU单元进行整合,统一进行控制成为效率最高的方式,是线控技术未来的演变趋势。

(四)线控技术的基本原理及特点

线控系统的基本结构原理是:驾驶员的操纵指令通过传感器转换为电信

线控技术的
基本原理

号传输到执行机构,控制器通过计算电信号来控制执行机构的动作;传感器感知功能装置的状态,通过电信号传给人机接口,反馈给驾驶员。其实质就是在需要有机构动作的地方不是应用液压(或机械)系统来传递操纵动作,而是利用弱电信号再控制强电执行机构来完成,如图 1-8 所示。线控系统中弱电信号早期用模拟信号较多,目前多用数字信号。

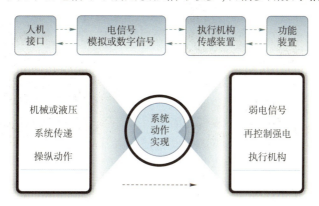

图 1-8　线控系统的组成框图

线控系统在人机接口通信、执行机构和传感装置之间,以及与其他的系统之间要进行大量的信息传输,要求网络的实时性好、可靠性高,而且具有冗余的"功能实现",以保证在发生故障时仍可实现装置的基本功能。典型的底盘线控系统有线控转向系统、线控制动系统和线控驱动系统等。

1.底盘线控技术的特征

(1)底盘线控的操纵机构和执行机构没有机械连接和机械能量的传递。

(2)底盘线控的操纵指令由传感元件感知,以电信号的形式由网络传递给电子控制器及执行机构。

(3)底盘线控的执行机构是用外来能源完成操纵指令及相应的任务操作的,其执行过程和执行结果受电子控制器的监测和控制。

2.底盘线控技术的优点

(1)底盘线控系统结构简单,减少耗材,节省制造成本,同时优化驾乘空间,提升车辆的舒适性。

(2)底盘线控系统控制灵活,灵敏度及精确度较高,用电信号替代机械传输,优化控制结果,能够实现汽车的柔性连接,车身与底盘可以独立分开。

(3)底盘线控系统节约能源,减少损耗,部分车辆具备能量回收装置,可以提升能源的利用率。

3.底盘线控技术的缺点

底盘线控系统中由于电子元器件增多,电子设备会有电磁干扰、器件失效、软件程序出错、网络攻击等问题存在。车辆在行驶过程中,一旦电路失效,就会导致致命性的灾难——转向失灵、加速过程无法控制或者无法制动等。因此线控技术今后要在系统的稳定性、可靠性及安全性方面下足功夫。

(五)线控技术与无人驾驶

随着汽车向"电动化、智能化、网联化、共享化"的趋势发展,在未来自动驾驶车辆上,转向杆、制动踏板和加速踏板等都将不再保留,更先进的驾驶方式是利用车辆智能感知单元进行分析,工作指令通过线束传递给转向或制动系统来实现自动驾驶。

线控技术是实现无人驾驶的必要条件。如今随着无人驾驶方式的不断演化,在驾驶自动化 L4 级以上的车里,已经没有驾驶员,"大脑"的意向表达或操纵指令是通过"电信号"来传递的。在无人驾驶方式中感知、决策、执行类似于人的大脑五感和四肢,线控技术则类似于遍布全身的神经网络,与扮演"大脑"角色的控制器实现高度协同,以此形成闭环。因此线控技术可以说是未来无人驾驶汽车实现的前提。

从 20 世纪 70 年代开始,美国、英国等发达国家就开展了地面无人驾驶车辆的研究,并且取得了突破性的成果。在此可以将其归结为 3 个主要阶段。

第一阶段,在 20 世纪 80 年代之前,受限于硬件技术、图形处理和数据融合等关键技术发展的滞后,地面无人驾驶车辆侧重于遥控驾驶。

第二阶段,20 世纪 80 年代以后,随着自主车辆技术及其他相关技术的突破性进展,地面无人驾驶车辆得以进一步发展,出现了各种自主和半自主移动平台。但是由于受定位导航设备、障碍识别传感器、计算控制处理器等关键部件性能的限制,当时的无人驾驶车辆虽然在一定程度上实现了自主行驶,但行驶速度低,环境适应能力弱。

第三阶段,自 20 世纪 90 年代以来,由于在计算机、人工智能、机器人控制等技术方面的突破,半自动型地面无人驾驶车辆得到了进一步发展。部分地面无人驾驶车辆参与了军事实战,这使人们看到了地面无人驾驶车辆的发展前景,大大激发了各国研发地面无人驾驶车辆的热情,也掀起了研究高潮。在军事需求的推动下和技术发展的激励下,美国、德国、意大利等国在无人驾驶车辆技术方面走在了全世界的前列。进入 21 世纪后,随着物理计算能力的大幅度提升、动态视觉技术的快速发展以及人工智能技术迅猛发展,路线导航、障碍躲避、突发决策等关键技术得到解决,无人驾驶技术取得了突破性进展。无人驾驶技术也成了传感器、计算机、人工智能、通信、导航定位、模式识别、机器视觉、智能控制等多门前沿学科的综合体。

二、线控系统的关键技术

由于线控系统取消了传统的气动、液压及机械连接,取而代之的是传感器、电子控制单元(Electronic Control Unit,ECU)、电磁的执行机构,因而传感器的精度、ECU 硬件的可靠性、抗干扰性,控制算法的可靠性、容错性,执行机构的快速性、可靠性及不同系统 ECU 之间通信的实时性,通信总线的容错性和仲裁能力及动力电源等都制约着线控技术的广泛应用。制约线控技术的关键技术包括以下几方面。

(一)故障诊断与容错控制

为了提高汽车的可靠性和安全性,汽车线控系统必须采取容错控制,即当有些部件出现故障或失效的时候，它们在系统中的功能可以用系统中的其他部件完全或部分代替，使系统能继续保持规定的性能或不丧失最基本的功能，或进一步实现故障系统的性能最优。

线控技术的全面应用将意味着汽车由机械（或液压、气动）到电子系统的转变。线控技术要求网络的实时性好、可靠性高，而且一些线控部分要求功能实现冗余，以保证在出现一定的故障时仍可实现这个装置的基本功能，如：转向盘下方安装两个转向传感器，保证辨识出驾驶员的操纵意图；转向盘电动机的供电采用两路冗余设计；为保证转向盘电动机损害时可以施加回正力矩，在转向盘下安装1个扭转弹簧或者第二个转向电动机。这就要求用于线控的网络数据传输速度高，时间特性好（通信事件发生时间是确定的）和可靠性高。

（二）信息获取与传输技术

1. 通信总线技术

通信总线技术影响着线控转向系统各子系统集成布局方式，汽车的通信总线标准有很多，目前比较先进的通信总线技术有 TTCAN（Time-Triggered Controller Area Network，时间触发的 CAN 协议）、TTP/C（Time-Triggered Protocol Class C，C 类时间触发协议）与 FlexRay 3 种。

CAN（Controller Area Network，控制器域网）是 1983 年德国博世（BOSCH）公司研发的一种共享式双线串行通信总线，最高传输速率为 1Mbit/s，具有非破坏性仲裁，分布式实时控制，可靠的错误处理和检测机制等特性。ISO 标准化组织将 CAN 通信进行了标准化，因此，目前 CAN 网络是车载通信的主干网络。CAN 网络的优势是成本低，可靠性高，可以用于汽车动力系统、底盘和车身电子等领域，不足之处是 CAN 总线属于共享式总线，通信速率相对较低，不能满足汽车通信总线带宽日益增加的需求。

传统的 CAN 是基于事件触发的通信协议，信息传输时间的不确定性和优先级反转是它固有的缺点。为了满足汽车控制对实时性和传输消息密度不断增长的需要，改善 CAN 总线的实时性能非常必要。于是，传统 CAN 与时间触发机制相结合产生了 TTCAN。TTCAN 总线和传统 CAN 总线系统的区别是：通信总线上不同的信息定义了不同的时间槽（Timer Slot）。在同一时间槽内，总线上只能有一条信息传输，这样避免了总线仲裁，也保证了信息的实时性。TTCAN 系统需要全局时间同步，但采用传统 CAN 控制器很难实现 TTCAN，因此新推出的 CAN 控制器如微芯（Microchip）的 MCP2515 就增加了与 TTCAN 相关的硬件资源，它们在软件配合下就能实现 TTCAN。

维也纳理工大学的 H.Kopetz 教授的研究小组开发了 TTP/C 协议，它的全称是 C 类时间触发协议，"C"表示实时通信协议。TTP/C 协议由 SAE（The Society of Automotive Engineers，汽车工程师协会）定义。TTP/C 是以开发硬实时高可靠容错嵌入式应用的需求为目标而设计的，它可以用于设计高可靠嵌入式应用系统。TTP/C 协议不是为了与当前通信协议竞争而开发的，它主要针对高可靠硬实时系统。传统嵌入式系统一般采用中断等机制来响应异步事件。但是，在某些实时高可靠、容错性和抗干扰要求高的场合，这种办法就不适应了。而采用 TTP/C 协议可消除许多不确定性因素，从而提高了系统的可知性、可预测性。

FlexRay,于 2005 年应用于汽车领域,是继 CAN 和 LIN(Local Interconnect Network,本地连接网络)之后的新一代汽车控制通信总线技术,同样属于共享式通信总线技术,带宽可达 10Mbit/s,是一种具备时间可确定性的、分布式时钟同步的、故障容错的通信总线标准。FlexRay 的主要优势在于相比 CAN 总线具有较高的带宽,可以满足汽车关键应用的要求,但是同样作为共享式通信总线技术,其成本却很高,仅适用于豪华车中的线控系统(如悬挂控制、换挡控制、制动控制、转向控制等)。

FlexRay 协议主要满足两方面的要求:可靠性和速度。FlexRay 采用冗余备份的办法,分别由 2 条通信总线和 2 个网络控制器构成一个完整网络,每个 ECU 分别和 2 条通信总线相连,正常情况下可以利用双通道进行数据传递,当其中一个网络发生故障时也可以由另一个备份网络承担通信任务。发动机、制动和转向等控制有很强的实时特性,必须有很高的数据传输速率才能满足。

未来随着科学技术的不断发展,将会产生更加高速、实时传输的通信总线技术,汽车线控转向系统的智能化水平会进一步提高。

2. 传感器技术

线控技术对传感器的依赖程度很高,包括传感器精度、尺寸、成本等。线控技术必须以车速传感器、转向盘转角和转矩传感器、车身横摆角速度传感器、车身位移传感器等一系列传感器为基础才能实现。传感器的数据采集及转换的准确度极大地制约了线控技术控制的精确度。

(三)电动机及控制器

整车控制器接收传感器的各种信息用于确定驾驶员意图,确定车辆动力学的状态,并通过通信总线发送给各执行器控制器,执行控制器控制电动机执行动作。电动机功率密度、控制器功率密度、系统效率、最高效率等都会影响线控系统的传动效率。其结构示意图如图 1-9 所示。

图 1-9 电动机及控制器

(四)动力电源技术

随着线控技术在汽车中的应用,汽车上的电子元件也变得越来越多,对电量的需求也越来越大,传统的14V电源已经不能满足将来的需要,甚至阻碍了线控技术的发展。这就需要对汽车现有的电源技术进行革新。

1988年,SAE提议把标准电压提高至42V,但是由于种种限制,响应者寥寥。

2011年,奥迪、宝马、戴姆勒、保时捷、大众联合推出48V系统,以满足日益增长的车载负荷需求,更重要的是为了满足2020年严格的排放法规。并在随后发布了48V系统规范LV148。

实验证明,电压越高,电流越小,在传输过程中损失的能量越小,电源系统越有效。但为什么止于48V呢?因为对于直流电,60V是一个安全极限,超过60V将要考虑到系统的安全性,需要使用更加先进的材料,这无疑增加了汽车的生产成本。而对于48V系统来说,工作峰值电压58V在安全极限之内,既满足了增加电压的要求,也不会增加太多的生产成本。线控技术对汽车电源技术提出了新的要求,汽车48V电源技术的发展为线控技术提供了可靠的能量保证。

拓展阅读

近年来,汽车"新四化"大潮汹涌,自动驾驶技术发展迅速。业内普遍认识到,"无线控,不自动驾驶"。线控底盘相当于智能汽车的"手和脚",是其落地的终极载体,部分智能化功能依赖于线控底盘的执行。

作为汽车电动化与智能化两个赛道的核心交汇点,线控底盘已经站上汽车进化的新风口,跨国零部件巨头在这一领域争相落子,博世、大陆、采埃孚、日立、舍弗勒等企业几乎顺势垄断了中国市场。这直接导致该领域我国被"卡脖子"多年。在当前国内外大环境的影响下,国家已将构建自主安全可控的汽车产业链提升至前所未有的高度。近期国务院办公厅印发的《新能源汽车产业发展规划(2021—2035)》就明确指出:汽车核心零部件要实现自主可控,要攻克线控执行系统这一"卡脖子"的核心技术。在这一形势下,众多国内自主企业勇于跳出过去国内汽车行业惯有的"跟随"心态,充分利用本土优势,解放思想,自主突围,在自己深耕的环节上不断求索,迎来了更多的发展机会。

技能实训

(一)汽车线控系统的结构认知

1. 准备工作

1)任务要求

(1)了解线控系统的特征、功能、组成,查阅资料并与传统系统做比较。

(2)在车辆上指明线控驱动系统、转向系统、制动系统部件所在位置。

2)组织方式

(1)在教师的引导下分组,以小组为单位学习相关知识,每组人数不少于3人,负责主操作、辅助记录、安全监督。

(2)依据操作规范实车认知线控系统,小组内互相讲述线控底盘系统的功能与组成。

3)实施准备

(1)安全要求及注意事项。

学员进入实训区务必穿戴劳动防护用品,严格遵守实训区安全作业规程。

严禁非专业人员或无实训教师在场的情况下私自对汽车高压电部件进行移除或安装。

(2)场地设施。

满足理论及实践教学的工学一体化教学教室和实训场地。

(3)工具设备或耗材。

汽车线控系统的结构认知技能实训的工具设备或耗材见表1-1。

汽车线控系统的结构认知技能实训的工具设备或耗材　　　　表1-1

名称/数量	对应图片
线控底盘小车(4辆)	
绝缘工具箱(4套)	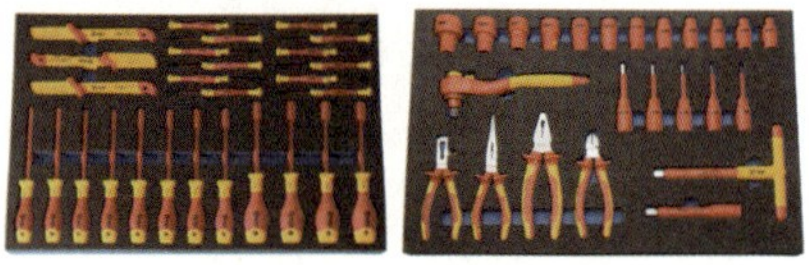
绝缘手套(4副)	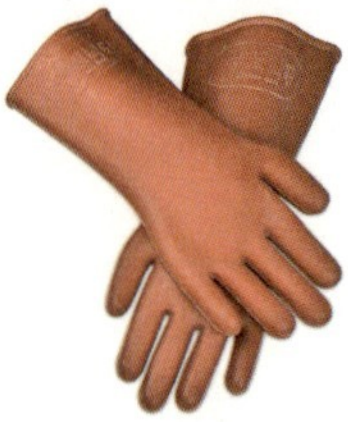
防静电手环(若干)	

2.实施步骤

汽车线控系统的结构认知技能实训的实施步骤见表1-2。

模块一　智能网联汽车线控技术概述

汽车线控系统的结构认知技能实训的实施步骤　　表1-2

操作步骤	参考图片
1）请完成作业前检查及车辆安全防护，并记录信息 （1）维修作业前现场环境检查； （2）维修作业前安全防护用具检查； （3）维修作业前仪表工具检查； （4）维修作业前实施车辆安全防护	
2）依次将车辆左侧的"底盘电源开关"和"总电源唤醒"两个开关置于ON挡位置，给车辆通电	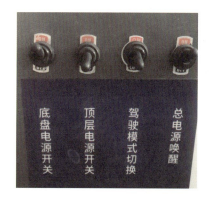
3）上层控制器：通过接收和处理各个传感器采集到的信息，进行计算后发送指令到底层控制器	
4）分小组对底盘线控驱动系统、转向系统、制动系统的主要部件进行位置查找与结构识别，保证各个小组完成实训任务，务必注意人身安全	

续上表

操作步骤	参考图片
5)完成实训现场5S管理工作,小组内质检员进行检查	

(二)评价与反馈

1. 自我评价与反馈

(1)是否遵守课堂纪律、是否认真听讲,占20%,成绩为_____。

(2)团队合作意识、尊重团队成员(包括老师和其他同学),占30%,成绩为_____。

(3)学习任务(工作任务)完成情况,占40%,成绩为_____。

(4)5S现场管理及环保意识、成本控制意识,占10%,成绩为_____。

2. 小组评价与反馈

(1)是否遵守课堂纪律、是否认真听讲,占20%,成绩为_____。

(2)团队合作意识、尊重团队成员(包括老师和其他同学),占30%,成绩为_____。

(3)学习任务(工作任务)完成情况,占40%,成绩为_____。

(4)5S现场管理及环保意识、成本控制意识,占10%,成绩为_____。

3. 教师评价及反馈

(1)是否遵守课堂纪律、是否认真听讲,占20%,成绩为_____。

(2)团队合作意识、尊重团队成员(包括老师和其他同学),占30%,成绩为_____。

(3)学习任务(工作任务)完成情况,占40%,成绩为_____。

(4)5S现场管理及环保意识、成本控制意识,占10%,成绩为_____。

综合评价的最终成绩为_____。

(三)技能考核标准

技能考核标准见表1-3。

技能考核标准   表1-3

姓名:_____   学号:_____

开始时间:____时____分   结束时间:____时____分   用时:_____

序号	项目	评价内容	评价分值	学生自评	学生互评	教师评价
1	时间要求	按规定时间完成技能实训,不占用其他小组时间	5			

模块一 智能网联汽车线控技术概述

续上表

序号	项 目	评价内容	评价分值	学生自评	学生互评	教师评价
2	质量要求	小组分工明确，认知流程制订合理	5			
3		能正确识别线控系统各组成系统	30			
4		能向同组同学讲述线控底盘系统的功能与组成	20			
5		能够完成车辆维修作业前的检查及车辆安全防护工作，并记录信息	25			
6	安全要求	遵守安全操作规程	5			
7	文明要求	按文明生产规则进行操作	5			
8	环保要求	及时整理工具及现场，合理处理废弃物	5			
		本任务得分	100			

思考与练习

一、判断题

1. 底盘线控系统中最为核心的是线控驱动、线控转向、线控制动三大系统。（　　）
2. 由于线控系统取消了传统的机械(液压、气动)连接，取而代之的是传感器、控制单元及电磁执行机构，所以它整体质量更轻，制造成本更低。（　　）
3. 线控技术由传感器直接控制执行机构以实现控制目的。（　　）
4. 目前汽车的线控技术只应用于转向系统、制动系统和驱动系统。（　　）
5. 汽车未来的发展方向逐渐趋向于集成化、模块化、机电一体化及智能化发展。（　　）
6. 线控系统的基本结构原理是：驾驶员的操纵指令通过传感器转换为电信号传输到执行机构，控制器通过计算电信号来控制执行机构的动作。（　　）

二、选择题

1. (　　)是线控系统中的核心部件，可以将电能转换为机械能。
   A. 电动机　　　B. 发电机　　　C. 转换器　　　D. 控制器
2. (　　)是将直流电转换为机械能的电动机。
   A. 发电机　　　B. 直流电动机　　C. 转换器　　　D. 交流电动机
3. (　　)广泛应用于大型高速电动汽车。
   A. 开关磁阻电动机　　　　　　　B. 直流电动机
   C. 永磁同步电动机　　　　　　　D. 三相异步交流电动机
4. 汽车底盘线控系统是依靠(　　)来传递信号。
   A. 机械能量　　　B. 电信号　　　C. 化学能量
5. 底盘线控系统不包括(　　)。
   A. 线控驱动系统　　　　　　　　B. 线控转向系统
   C. 线控制动系统　　　　　　　　D. 车身系统

模块二 智能网联汽车线控转向技术

 学习目标

▶ 知识目标

1. 了解传统汽车转向系统的类别;
2. 理解传统汽车转向系统的结构及工作原理;
3. 熟悉汽车线控转向系统的组成、结构;
4. 掌握汽车线控转向系统的工作原理。

▶ 技能目标

1. 能识别汽车线控转向系统的主要部件;
2. 能完成汽车线控转向系统的基本检查和故障排除;
3. 利用线控转向实训台,能对线控转向系统进行性能测试。

▶ 素养目标

1. 通过技能训练、工位整理、废弃物处理和垃圾分类,形成热爱劳动、爱岗敬业、安全环保的职业素养;
2. 通过技能实训、质量检查,培育严谨扎实、精益求精的工匠精神。

 建议课时

16 课时

一 传统汽车转向系统

汽车转向系统的性能直接影响汽车的操纵稳定性、安全行驶和驾驶员的工作条件。为了提高转向性能、确保行车安全,大部分汽车普遍采用了转向助力系统。液压转向助力系统是最早采用的转向助力系统,电子技术和电气技术的应用使得转向系统发生了革命性的变化,出现了电子控制液压助力转向系统、电动助力转向系统和线控转向系统,如图2-1所示。

模块二　智能网联汽车线控转向技术

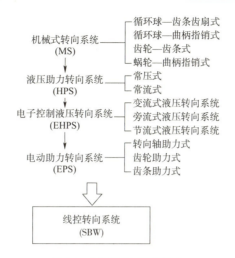

图 2-1　汽车转向系统的发展

传统汽车转向系统是机械系统，汽车的转向运动是由驾驶员操纵转向盘，通过转向器和一系列的杆件传递到转向车轮而实现的。电动助力转向系统（Electric Power Steering，EPS）是一种直接依靠电动机提供辅助转矩的动力转向系统，主要由传感器、控制单元和助力电动机构成，没有了液压助力系统的液压泵、液压管路、转向柱阀体等结构，结构非常简单，如图 2-2 所示。

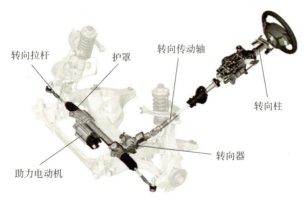

图 2-2　电动助力转向系统结构示意图

电动助力转向系统控制策略如图 2-3 所示。在转向盘转动时，位于转向柱内的转矩传感器将转动信号传到控制器，控制器通过运算修正给电动机提供适当的电压，驱动电动机转动。而电动机输出的转矩经减速机构放大后推动转向柱或转向拉杆，从而提供转向助力。电动助力转向系统可以根据速度改变助力的大小，能够让转向盘在低速时更轻盈，而在高速行驶时使转向更稳定。

线控转向系统既能满足汽车操纵稳定性、行驶安全性的要求，也能改变驾驶员的工作条件，还符合当前节能与环保的要求，是今后汽车转向助力系统发展的趋势。线控转向系统在转向盘和转向轮之间不再采用机械连接，彻底摆脱传统转向系统固有的限制，在给驾驶员带来方便的同时也提高了汽车的安全性。

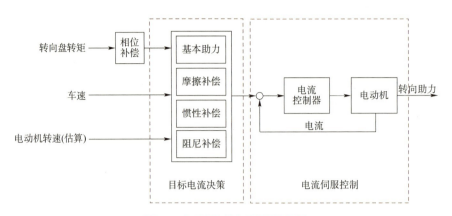

图 2-3 电动助力转向系统控制策略

(一) 电动助力转向系统介绍

传统的液压助力依靠发动机运转来带动液压泵,所以液压转向系统会使整个发动机燃油消耗量增加 3%~5%,而电动助力转向系统以蓄电池为能源,以电动机驱动,可独立于发动机工作。电动助力转向系统几乎不直接消耗发动机动力,可使车辆油耗降低大约 2.5%。

电动助力转向系统能够根据汽车转向盘转矩、转角、车速和路面状况等,为驾驶员提供最佳的转向助力,使转向更加轻松柔和,另外还能使车辆具有良好的直线保持能力以及抑制颠簸路面反作用的能力。

电动助力转向系统(EPS)是由转矩传感器、电子控制单元(ECU)和助力电动机共同组成。

电子控制单元根据各传感器输出的信号计算所需的转向助力,并通过功率放大模块控制助力电动机的转动,电动机的输出经过减速机构减速增矩后驱动齿轮齿条机构产生相应的转向助力。

目前电动助力转向系统按助力作用位置分为转向轴助力式(Column-assist type EPS 即 C-EPS)、齿轮助力式(Pinion-assist type EPS 即 P-EPS)和齿条助力式(Rack-assist type EPS 即 R-EPS),如图 2-4 所示。

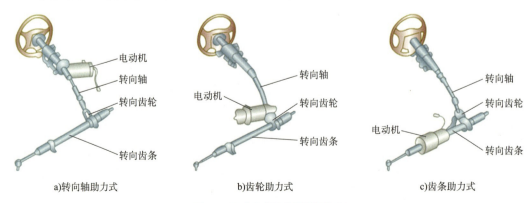

a) 转向轴助力式 b) 齿轮助力式 c) 齿条助力式

图 2-4 电动助力转向系统的类型

1. 转向轴助力式(C-EPS)

转向轴助力式电动助力转向系统(C-EPS)的助力电动机固定在转向轴的一侧,通过减速增矩机构与转向轴相连,直接驱动转向轴助力转向,如图2-5所示。这种形式的电动助力转向系统结构简单紧凑、易于安装。

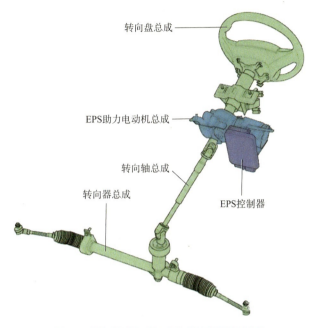

图2-5 转向轴助力式电动助力转向系统结构图

这种转向器的助力转矩经过了转向器放大,因此要求电动机的减速机构传动比较小。电动机布置在驾驶室内,工作环境好,对电动机的密封要求低。但是电动机安装位置距离驾驶员较近,所以要求电动机的噪声一定要小;由于电动机距离转向盘较近,电动机的力矩波动容易直接传到转向盘上,导致转向盘振动,使驾驶员手感变差;由于助力转矩通过转向管柱传递,因此要求转向管柱有较大的刚度和强度。因此这种助力方式比较适合用于前轴负荷较小的微型轿车。

2. 齿轮助力式(P-EPS)

齿轮助力式电动助力转向系统(P-EPS)的助力电动机和减速增矩机构与小齿轮相连,直接驱动齿轮实现助力转向,如图2-6所示。由于助力电动机不是安装在乘客舱内,因此可以使用较大功率的电动机以获得较高的助力转矩,而不必担心电动机转动惯量太大产生的噪声。该类型转向系统可用于中型车辆,以提供较大的助力。

这种转向系统的助力转矩也经过了转向器放大,因此要求电动机的减速机构传动比也相对较小。电动机安装在发动机舱内,工作环境较差,对电动机的密封要求较高。但是电动机安装位置距离驾驶员有一定距离,所以对电动机的噪声要求不是太高;同时,电动机的力矩不大容易传到转向盘上,驾驶员手感适中;由于助力转矩不通过转向管柱传递,因此对转向管柱的刚度和强度要求较低。因此这种助力方式比较适合用于前轴负荷中等的轻型轿车。例如北汽EV160采用的就是齿轮助力式电动助力转向系统。

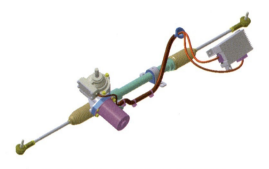

图 2-6　齿轮助力式转向助力系统结构图

3. 齿条助力式(R-EPS)

齿条助力式电动助力转向系统(R-EPS)的助力电动机和减速增矩机构直接驱动齿条提供助力,如图 2-7 所示。由于助力电动机安装于齿条上的位置比较自由,因此在汽车的底盘布置时非常方便。同时,同 C-EPS 和 P-EPS 相比,R-EPS 可以提供更大的助力值,所以一般用于大型车辆上。

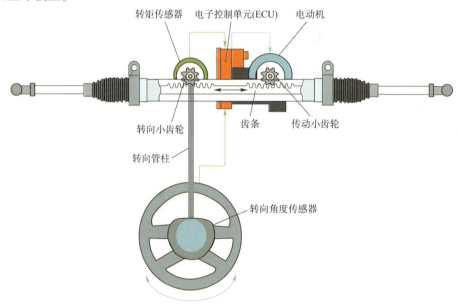

图 2-7　齿条助力式转向助力系统结构图

这种转向器的助力转矩作用在齿条上,助力转矩没有经过转向器放大,因此要求电动机的减速机构具有较大的传动比。电动机安装在发动机舱内,工作环境较差,对电动机的密封要求较高。但是电动机安装位置与驾驶员之间有一定距离,所以对电动机的噪声要求不是太高;同时,电动机的力矩不容易传到转向盘上,驾驶具有良好的手感;由于助力转矩不通过转向管柱传递,因此对转向管柱的刚度和强度要求较低。因此这种助力方式比较适合用于前轴负荷较大的高级轿车和货车上。

EPS 能够极大地提高燃油经济性,因为转向助力由安装在转向柱上的直流电动机提供,因此,电动机只在需要动力转向时才消耗能量。此外,与传统的液压助力转向系统不同,EPS

在可维修方面有很大的优势,它不需要管路、泵、滑阀和转向液。

(二)电动助力转向系统的组成

电动助力转向系统(EPS)的组成见图2-8。

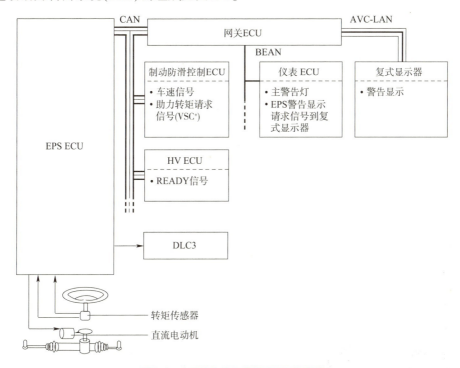

图2-8 电动助力转向系统(EPS)组成图

1. 转矩传感器

由两个带孔圆环、线圈、线圈盒及电路板组成。获得转向盘上操作力大小和方向信号,检测扭力杆的扭曲,并把它转换成为电信号传递到 EPS ECU。

2. 直流电动机

安装在转向器上的电动机总成由一个蜗杆、一个蜗轮和一个直流电动机组成。当蜗杆与安装在转向器输出轴上的蜗轮啮合时,它降低电动机速度并把电动机输出转矩传递到输出轴,根据 EPS ECU 的信号产生转向助力。

3. 减速机构

通过蜗轮降低直流电动机的转速并将动力传送到转向轴。

4. EPS ECU

根据各传感器(包括车速传感器)发出的信号,启动直流电动机来提供转向助力。

5. HV ECU

发送 READY 信号到 EPS ECU,通知 EPS 系统准备给直流电动机供电。

6. 制动防滑控制 ECU

将速度传感器的信号输出到 EPS ECU。

7. 仪表 ECU

收到 EPS ECU 发出的系统故障信号，仪表 ECU 就点亮主警示灯，同时发送 PS（动力转向）警告显示请求信号到复式显示器。

8. VSC ECU

车辆稳定性控制系统工作时，制动防滑控制 ECU 发送助力转矩信号（根据联合控制传感器的信号计算出）到 EPS ECU。

9. 复式显示器

系统发生故障时，PS（动力转向）灯显示故障。

（三）电动助力转向系统主要部件的结构

1. 转向管柱（图 2-9）

直流电动机、减速机构和转矩传感器都安装在转向管柱上。转矩传感器为感应式电阻。

2. 直流电动机

直流电动机包括转子、定子和电动机轴，电动机产生的转矩通过联轴节传到蜗杆，转矩通过蜗轮传送到转向轴（图 2-10）。

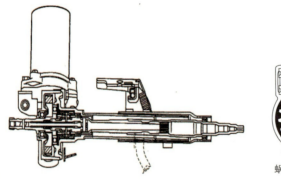

图 2-9 转向管柱

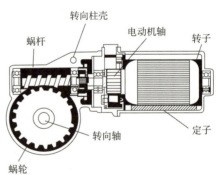

图 2-10 直流电动机

3. 减速机构

减速机构通过蜗杆和蜗轮降低直流电动机的转速并将动力传送到转向轴。蜗杆由滚珠轴承支承以减小噪声和摩擦（图 2-11）。

4. 转矩传感器

转矩传感器检测扭力杆的扭曲，并把它转换为电信号来计算扭力杆上的转矩，并将此信号输出到 EPS ECU。

检测环 1 和检测环 2 安装在输出轴上，检测环 3 安装在输出轴上。输出轴和输入轴通过扭力杆连接在一起，检测线圈和校正线圈位于各检测环外侧，不经接触形成励磁电路（图 2-12）。

检测误差 1 和检测误差 2 的功能是校正温度，它检测校正温度变化并校正温度变化引起的误差。

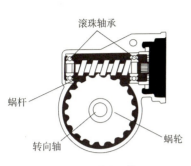

图 2-11 减速机构

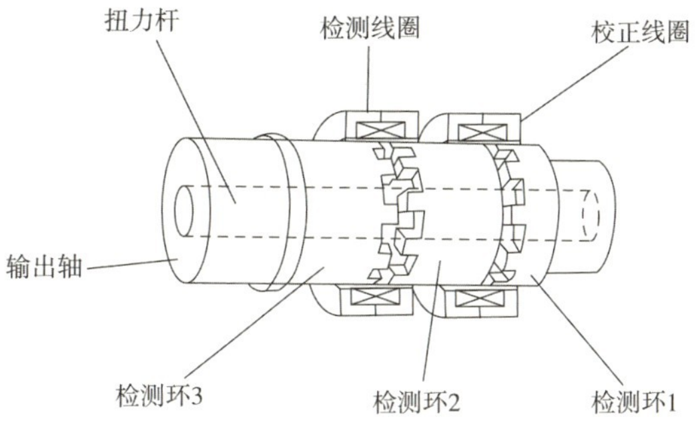

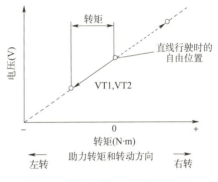

图 2-12 转矩传感器

检测线圈包括输出 2 个信号 VT1（转矩传感器信号 1）和 VT2（转矩传感器信号 2）的对偶电路。ECU 根据这 2 个信号控制助力的大小，同时检测传感器故障。

1）直线行驶时

如果车辆直线行驶且驾驶员没有转动转向盘，则此时 ECU 会检测输出的规定电压，指示转向盘的自由位置。因此，它不向直流电动机供电。

2）转向时

如果驾驶员向左或向右转动转向盘时，扭力杆的扭曲就会在检测环 2 和检测环 3 之间产生相对位移。这个变化随后转换为 2 个电信号 VT1 和 VT2，并发送到 EPS ECU。转向盘左转时，输出比自由位置输出电压低的电压。这样，就可以根据转向助力转矩传感器检测到的转向方向、转向助力器输出值的量级决定转向盘向左转动量（图 2-13）。

5. EPS ECU

1）EPS 控制

图 2-13 输出电压与助力转矩的关系

EPS ECU 接收各传感器的信号，判断车辆当前的状况，并测定施加到直流电动机上的助力电流。

对于装有车辆稳定控制系统（VSC）的车型，根据制动防滑控制 ECU 信息，一起联合控制转向助力转矩。使驾驶员的转向操作灵便，可提高转向稳定性。

2）EPS ECU 温度传感器

EPS ECU 中的温度传感器用于检测 ECU 是否过热。如果温度传感器检测到 ECU 过热，则直流电动机上的助力电流就减小以降低温度。

3）诊断

如果 EPS ECU 检测到 EPS 的故障，则与出现故障的功能相关的主警告灯点亮，提示驾驶员故障出现。同时，把诊断故障代码（DTC）存储到存储器中。

4）安全保护

如果 EPS ECU 检测到 EPS 的故障，则组合仪表上的主警告灯点亮，并且蜂鸣器鸣叫。同时，EPS ECU 使 PS 警告出现在复式显示器上以提示驾驶员，并进入安全保护模式。因此，

EPS 和手动转向以相同方式工作。

出现故障时,安全保护功能被激活,ECU 会影响各种控制。

(四)电动助力转向系统控制原理

图 2-14 所示为电动助力系统控制原理示意图。当整车处于 ON 挡上电状态,驾驶员在操纵转向盘进行转向时,转矩传感器检测到转向盘的转向以及转矩的大小,将电压信号输送到 EPS ECU,EPS ECU 根据转矩传感器检测到的转矩电压信号、转动方向和车速信号以及电动机转子位置、电动机转速等,向电动机控制器发出指令,使电动机输出相应大小和方向的转向助力转矩,从而产生辅助动力转向。汽车不转向时,电子控制单元不向电动机控制器发出指令,电动机不工作。

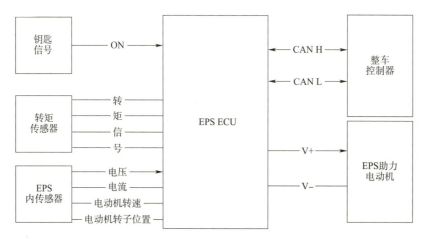

图 2-14 电动助力系统控制原理示意图

(1)当整车处于停车不供电状态,EPS ECU 不工作(EPS ECU 不进行自检、不与 VCU 通信、EPS 助力电动机不工作);当钥匙开关处于 ON 挡,ON 挡继电器吸合后 EPS ECU 开始工作。

(2)EPS ECU 正常工作时,EPS ECU 根据接收来自 VCU 的车速信号、唤醒信号及来自转矩传感器的转矩信号和 EPS 助力电动机的电压、转速、转子位置、电流等信号进行综合判断,以控制 EPS 助力电动机的转矩、转速和方向。

(3)转向控制器在供电 200ms 内完成自检,供电 200ms 后可以与 CAN 总线交互信息,供电 300ms 后输出 470 帧(转向故障和转向状态上报帧),供电 1200ms 后输出 471 帧(版本信息帧)。

(4)当 EPS ECU 检测到故障时,通过 CAN 总线向 VCU 发送故障信息,并采取相应的处理措施。

图 2-15 所示为 EV160/200 电动助力转向系统电路图,转矩传感器采集转向盘的转矩及转向信号,车速信号通过整车控制器提供给 EPS ECU。EPS 电动机是双向电动机,EPS ECU 根据转矩、转向以及车速信号,通过控制电路控制供给电动机的电流大小及方向,最终控制电动机提供的助力大小及方向。

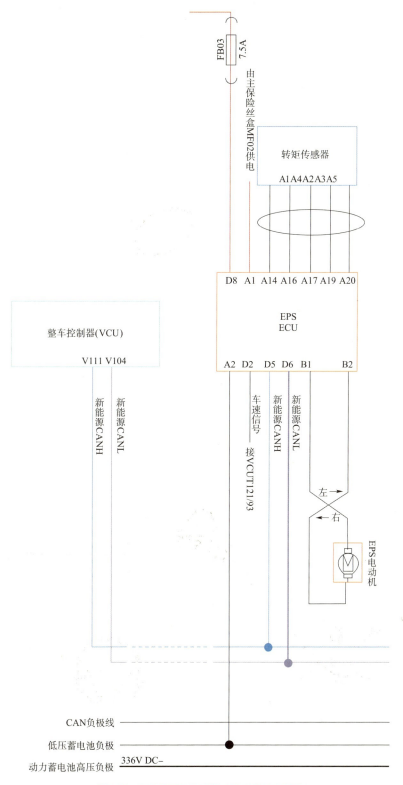

图 2-15　EV160/200 电动助力转向系统电路图

线控转向系统的应用

(一)线控转向系统的结构及工作原理

线控转向系统(Steer-By-Wire,SBW)是指没有机械连接的电动助力转向系统,用电动机提供助力,但取消了转向盘与转向车轮之间的机械连接部件,彻底摆脱机械固件的限制,完全由电能实现,将驾驶员的操纵动作经过传感器变成电信号,通过电缆直接传输到执行机构的一种系统。从广义而言,任何能够将驾驶员输入和前轮转角解耦的转向系统都可以看成是 SBW 系统,如图 2-16 所示。

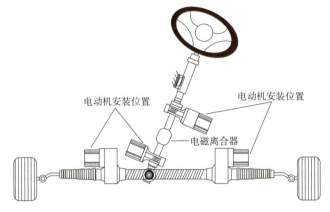

图 2-16　线控转向系统(SBW)基本架构

与传统机械转向系统(图 2-17)相比,线控转向系统(图 2-18)取消了转向盘到转向执行机构之间的机械部分,摆脱了传统转向系统机械连接的限制,由控制器根据传感器采集反馈的信号,做出决策发出控制指令,完成相应的功能,实现车辆转向控制。

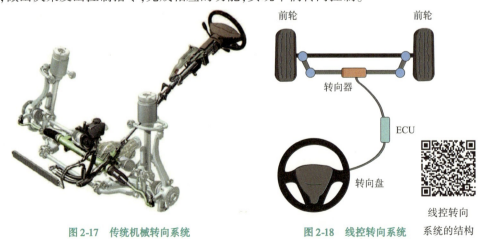

图 2-17　传统机械转向系统　　　　图 2-18　线控转向系统

1. 线控转向系统的结构

汽车线控转向系统由转向盘总成(转向盘模块)、转向桥机构总成(前轮转向模块)和主控制器(ECU)以及自动故障处理系统、电源等辅助系统组成,如图 2-19 所示。

模块二　智能网联汽车线控转向技术

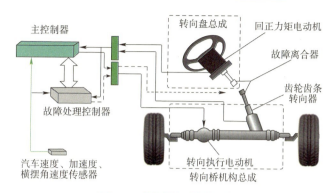

图2-19　线控转向系统的组成

1) 转向盘模块

转向盘模块包括转向盘组件、转向盘转角传感器、转矩传感器、回正力矩电动机。其主要功能是将驾驶员的转向意图(通过测量转向盘转角)转换成数字信号并传递给主控制器，同时主控制器向回正力矩电动机发送控制信号，产生转向盘回正力矩，以提供给驾驶员相应的路感信息。

2) 前轮转向模块

前轮转向模块包括前轮转角传感器、转向执行电动机、电动机控制器和前轮转向组件等。其功能是将测得的前轮转角信号反馈给主控制器，并接受主控制器的命令，控制转向盘完成所要求的前轮转角，实现驾驶员的转向意图。

3) 主控制器

主控制器采集各传感器传来的包括转向盘转角、转向盘转矩、车速等传感器的信息，根据内部的程序，计算出合适的前轮转角发送到转向执行电动机，实现车辆转向，计算出合适的回正力矩传递给路感电动机，向驾驶员提供路感。

主控制器对采集的信号进行分析处理，判别汽车的运动状态，向回正力矩电动机和转向电动机发送命令，控制两个电动机协调工作。主控制器还可以对驾驶员的操作指令进行识别，判定在当前状态下驾驶员的转向操作是否合理。当汽车处于非稳定状态或驾驶员发出错误指令时，前轮线控转向系统将自动进行稳定控制或将驾驶员错误的转向操作屏蔽，以合理的方式自动驾驶车辆，使汽车尽快恢复到稳定状态。

4) 自动故障处理系统

自动故障处理系统是线控转向系统的重要模块，它包括一系列的监控和实施算法，针对不同的故障形式和故障等级做出相应的处理，以求最大限度地保持汽车的正常行驶。线控转向技术采用严密的故障检测和处理逻辑，以最大限度地提高汽车安全性能。

5) 线控转向系统主要传感器

线控转向系统主要传感器包括转向盘转角传感器(角位移传感器)、转矩传感器、车速传感器、侧向加速度传感器、横摆角速度传感器等。

转向盘转动时带动转角传感器的大齿轮转动，大齿轮带动装有磁体的两个小齿轮转动，产生变化的磁场，通过敏感电路检测这种变化产生的转角信号，通过CAN总线将数据发送出去。转角传感器结构如图 2-20 所示。

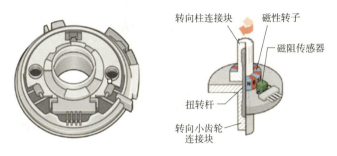

图 2-20 转向盘转角传感器

2. 线控转向系统的动力电源

动力电源承担着线控转向系统中电子控制单元、电动机的供电（2 个冗余转矩反馈电动机和 2 个冗余转向电动机），为确保整个系统的稳定工作，动力电源的性能至关重要。随着电子元件及其高功耗零部件的不断增加，使得汽车负荷成倍增加。若继续维持 12V 供电系统，就必须通过提高电流来获得更多的功率，但是过高的电流将给整个系统带来安全隐患，电路的热能消耗大大增加，所以供电系统必须提高电压以满足现代汽车电气系统负荷日益增长的需要。48V 电源的采用为发展线控转向系统创造了条件。

3. 线控转向系统的工作原理

当转向盘转动时，转矩传感器和转角传感器将测量到的驾驶员转矩和转向盘的转角信息转变成电信号输入到主控制器（ECU），ECU 依据车速传感器和安装在转向传动机构上的位移传感器的信号来控制转矩反馈电动机的旋转方向，并根据转向力模拟、生成反馈转矩，控制转向电动机的旋转方向、转矩大小和旋转的角度，通过机械转向装置控制转向轮的转向位置，如图 2-21 所示。线控转向系统的控制逻辑如图 2-22 所示。

线控转向系统的工作原理

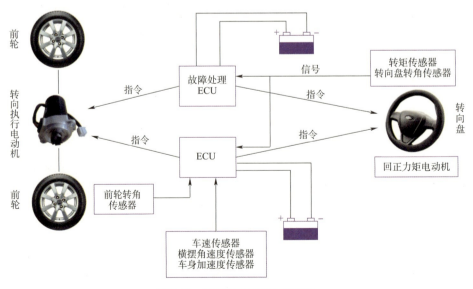

图 2-21 线控转向系统的工作原理

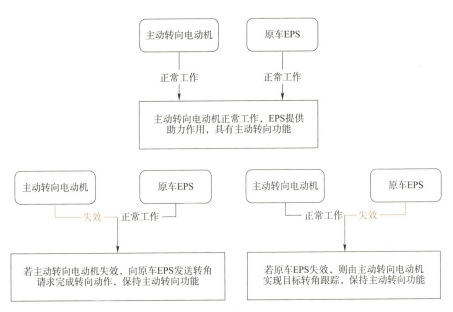

图 2-22　线控转向系统的控制逻辑

4. 路感模拟技术

路感是驾驶员感知路面状况的重要途径,其模拟的好坏直接影响到驾驶员的驾驶体验和对路面信息的判断。模拟产生的路感应该清晰准确地反映路面状况,同时避免出现回正力矩突变或者转向盘抖动的现象。根据路感产生的机理,设计出合理的路感模拟控制策略,一直是线控转向系统中研究的重点。带有路感电动机的线控转向系统控制简图如图2-23所示,路感电动机将主控制器传来的回正信号转化为回正力矩,向驾驶员提供路感。

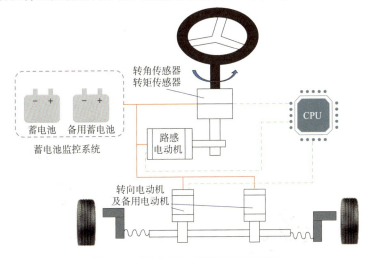

图 2-23　带有路感电动机的线控转向系统

(二)线控转向系统的性能特点

由于线控转向系统中的转向盘和转向轮之间没有机械连接,是断开的,通过总线传输必

要的信息,故该系统也称作柔性转向系统。线控转向系统具有如下性能特点:

(1)柔性转向能消除转向干涉问题,为实现多功能全方位的自动控制,以及汽车动态控制系统和汽车平顺性控制系统的集成提供了先决条件。

(2)对前轮驱动轿车,在安装发动机时需要考虑刚性转向轴占用空间,转向轴必须依据汽车是左侧驾驶还是右侧驾驶安装在发动机附近,设计人员必须协调处理各种需要安排部件。而柔性转向去掉了原来转向系各个功能模块之间的刚性机械连接,大大方便了系统的总布置。

(3)舒适性得到提高。在刚性转向系统中,路面不平和转向轮的不平衡,可以回传到转向操纵系统,而柔性系统不会。

(4)转向回正力矩能够通过软件依据驾驶员的要求进行调整。因此在不改变设计的情况下,可以个性化地适合特定的驾驶者和驾驶环境,与转向有关的驾驶行为都可以通过软件来实现。

(5)消除了碰撞事故中转向柱伤害驾驶员的可能性。不必设立转向防扭机构。

(6)驾驶员腿部活动空间增加,出入更方便自由。

(三)线控转向的冗余系统

线控转向系统最大的困扰是可靠性的问题。由于线控转向系统中转向盘和转向车轮之间没有直接的机械连接,当电控系统出现故障时,车辆将无法保证转向功能,处于失控状态。随着技术的发展,电控系统的可靠性不断得到提高,在系统设计中大量引入了"冗余设计"的理念,比如:传感器的冗余、电动机的冗余、车载电源系统的冗余等,使线控转向系统的可靠性得到了明显提高。

例如,为保证线控转向系统有充足的电能供应,而且为防止电源故障,建议使用更加安全的48V电源系统。在转向盘下方安置2个转向传感器,保证可以辨识出驾驶员的操纵意图;转向盘电动机的供电采用了两路冗余设计,为保证回正力矩电动机损坏时也可以施加回正力矩,在转向盘下方安装1个扭转弹簧或者安装第二个回正力矩电动机;为保证车辆前轮具有转向能力,使用两路主动转向电动机,相应地配备2个转向传感器等冗余设计,如图2-24~图2-26所示。

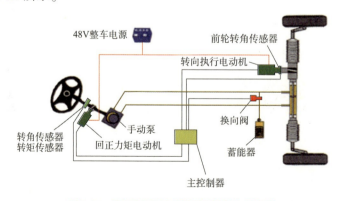

图2-24 带有液压冗余系统的线控转向示意图

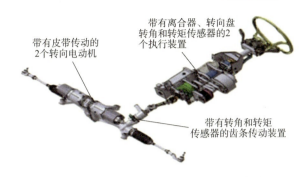

图 2-25　带有机械冗余系统的线控转向示意图

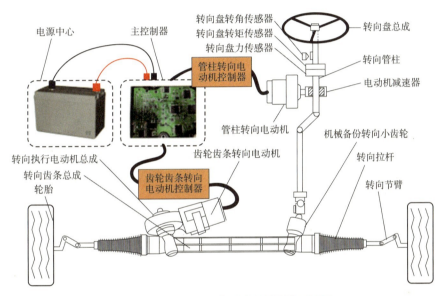

图 2-26　带有双电机冗余系统的线控转向示意图

线控转向电磁离合器提供机械冗余,可实现转向盘与车轮的机械解耦。根据有无电磁离合器,线控转向系统可以分为保留机械软连接的线控转向系统和无机械连接的线控转向系统两大类。双电动机安全冗余线控转向系统包括转向操纵机构、转向执行机构、电子线传控制网络、电源系统和各种辅助结构。该系统将传统的机械转向与电子控制技术紧密结合起来,线传主动转向与机械操纵转向两种模式通过电磁离合器可任意切换,而且通过故障识别,机械操纵转向可以作为线传主动转向备份,提升安全性。

三　线控转向系统性能测试

自动驾驶转向控制系统进行测试,目的就是通过转向操纵系统的控制使车辆能跟随目标路径运动。自动驾驶路径跟随系统架构如图 2-27 所示,其中感知系统获取实时道路环境及车辆自身状态信息,向决策系统提供未来的信息输入,操纵系统再根据决策出的转向盘转角实现车辆路径跟随过程中的自动转向。感知系统、决策系统、操纵系统三部分构成了虚拟的驾驶员模型。

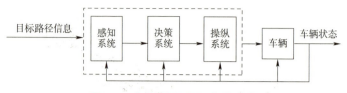

图 2-27　自动驾驶路径跟随系统架构

(一)线控转向控制系统总体要求

转向系统是一个一级安全系统,对于驾驶员的操作不允许有任何错误的执行,同时在行驶过程中转向系统也要给驾驶员一个正确的信息反馈。在电控转向系统中,增加了转向执行电动机,来提供转向的动力源,驱动转向车轮按照驾驶员意图运动,使驾驶员可以轻松地完成转向动作;相应地,作为控制依据,在转向系统中还需要增加各种传感器,在转向盘模块中,增加了转向盘转角传感器、转矩传感器,用于检测转向盘的转角和转矩。

(二)原地快速转向性能测试

原地快速转向性能测试,主要是为了考察线控转向系统完成原地转向的灵敏度和精确度,为了测试线控转向系统在需要急速转动转向盘的时候,所需转向盘转角和力矩大小,同时也考察线控转向系统在自动泊车时转向盘转角的吻合度和轻便性。

(三)稳态转向特性测试

汽车的稳态转向特性分为 3 种类型:不足转向、中性转向和过度转向。操纵稳定性良好的汽车应具有适度的不足转向特性。一般汽车不应具有过度转向特性,也不应具有中性转向特性,因为中性转向汽车在使用条件变动时,有可能转变为过度转向特性。

常用定转向盘转角连续加速法、定转弯半径法来进行稳态转向特性测试。

(四)转向盘转角阶跃性能测试

转向盘转角阶跃性能测试是为了检测转向系统瞬间响应特性。应依据《汽车操纵稳定性试验方法》(GB/T 6323—2014)进行转向瞬态响应试验(转向盘转角阶跃输入)。

转向盘转角阶跃输入试验也称为瞬态横摆响应试验。主要用来测定汽车对转向盘转角输入时的瞬态响应。汽车在转向盘转角阶跃输入下将从一个稳态过渡到另一个稳态。两个稳态之间的响应称之为汽车的瞬态响应。汽车开始以一定的车速直线行驶,一段时间后突然以最快的速度转动转向盘至预先确定的转向角,并保持转向盘转角不变、节气门开度不变使汽车进入圆周运动。记录汽车的车速、时间、转向盘转角、横摆角速度和侧向加速度等参数。通常以横摆角速度响应来评价汽车的特性。

阶跃响应试验是在不同的转角速度(0、10、50、100、200)、不同的转向盘转角阶跃输入,测量其阶跃响应特性包括超调量、稳定时间及稳态误差。需要说明的是这里的"转角速度"是 0~250 的无量纲数值,并不精确代表转角速度。相关定义如下:

(1)超调量:响应曲线的最大峰值与稳态值的差;

(2)稳定时间:从给出信号到系统达到稳定数值所需的时间;

(3)稳态误差:期望值与系统稳态值之差。

某车型的阶跃响应测试结果如表2-1～表2-3所示。

阶跃响应稳态误差(单位:°) 表2-1

ω (r/min)	θ(°)											
	30	-30	90	-90	180	-180	270	-270	360	-360	540	-540
10	5	-7	3.5	-10	4	-5	4	-3.5	7	-8	-3.5	-10.5
50	6	-6	3	-5	4	-4	3.5	-4	2.5	-4	-3.5	-8
100	2	-3	2	-3	2	-2	3	-3	0.5	-1.5	-3	-13
200	1	-2	2	-2	2	-3	3.5	0	5	-4.5	-3.5	-9.5

注:转角(θ)单位为°;转速(ω)不表示绝对大小。

阶跃响应超调量(单位:%) 表2-2

ω (r/min)	θ(°)											
	30	-30	90	-90	180	-180	270	-270	360	-360	540	-540
10	24	23	19.8	16.3	10.8	6.86	6.39	7.89	6.76	5.93	4.71	0.95
50	25	23	18.4	15.3	10.8	9.09	4.14	4.89	5.35	6.18	3.18	1.13
100	25	24	15.9	16.1	8.99	8.43	6.37	4.87	4.76	3.64	2.61	0
200	24	23	9.09	10.2	3.37	5.62	4.48	4.10	3.35	2.78	2.42	0

注:转角(θ)单位为°;转速(ω)不表示绝对大小。

阶跃响应稳定时间(单位:ms) 表2-3

ω (r/min)	θ(°)											
	30	-30	90	-90	180	-180	270	-270	360	-360	540	-540
10	546	437	655	655	874	874	874	874	1092	873	1420	1310
50	546	546	764	764	873	873	983	982	1092	983	1420	1201
100	655	655	765	655	874	983	983	983	1201	1202	1529	1201
200	764	874	874	873	983	998	1310	1201	1201	1310	1638	1310

注:转角(θ)单位为°;转速(ω)不表示绝对大小。

由试验数据分析可得:

(1)转向系统原地转向稳态误差范围为-13°～0;

(2)转向系统原地转向超调量范围为0～25%,大转角、大转速时,超调量相对较小;

(3)转向系统原地转向稳定时间范围为437～1638ms,其大转角下稳定时间相对较长。

(五)正弦跟踪特性测试

正弦信号是更符合实际驾驶工况的,可以更好地测试真实情况下的性能。

在停车状态下,以某个设定的转向盘转角速度输入正弦波形的转向盘转角控制信号,测试其跟踪性能,此工况下控制应当平顺而稳定,同时有较小的跟踪误差。在停车状态下对某车型进行测试,以 360°幅值 10s 周期正弦信号测试跟踪性能,如图 2-28a)所示。试验结果与目标输入对比可知,该状态下全程平均跟踪误差 5.0°,跟踪误差标准差 6.8°,跟踪过程平顺,跟踪性能较好,如图 2-28b)所示。

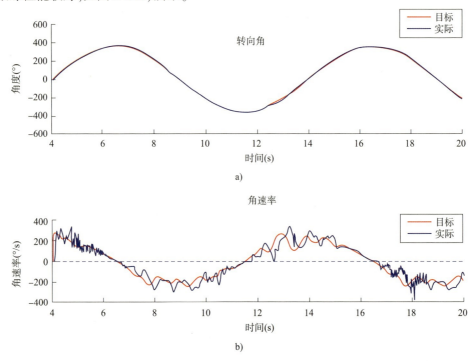

图 2-28 正弦信号跟踪效果图

(六)斜坡跟踪特性测试

在停车状态下,以某个设定的转向盘转角速度向某个方向转向,测试在该转速下的跟踪性能,此工况下控制应当平顺而稳定,同时有较小的跟踪误差。中等转速下的跟踪性能测试如图 2-29a)所示。实际测得的转向角一个周期平均跟踪误差 2.6°,跟踪误差标准差 4.3°,说明总体跟踪性能较好,如图 2-29b)所示。由角速率跟踪曲线与控制量曲线可见,整体控制较为平顺,如图 2-29c)所示。

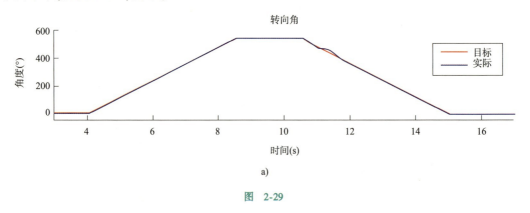

图 2-29

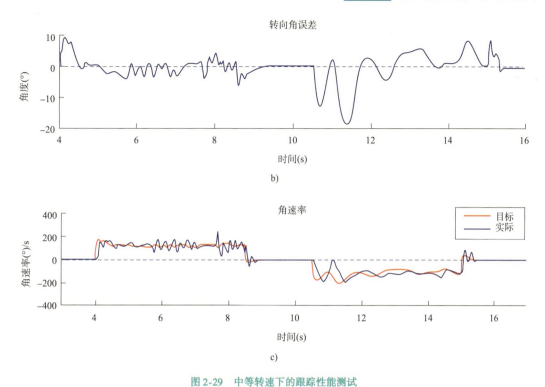

图 2-29 中等转速下的跟踪性能测试

拓展阅读

汽车转向系统的性能直接影响汽车的操纵稳定性和行车安全,是实现高级自动驾驶的关键因素之一。因为驾驶员疲劳驾驶、转向盘不稳等问题造成的交通事故层出不穷,因此,提高汽车转向系统的性能对于改善驾驶员的工作条件起着重要作用。在智能网联汽车线控转向技术的研究和发展中,能够保证汽车运动跟随驾驶员意图的同时保证动力学稳定性是最重要的,只有在行驶时操纵稳定性能得以保证,转向系统的操纵负担减小,才更能有效避免疲劳驾驶和集中注意力,保障驾驶员的生命财产安全,减少不必要的交通事故。这也对同学们未来从业提出了更高的要求,要带着对生命的敬畏去设计、测试产品,提高安全意识。

技能实训

(一)线控转向系统基本认知

1. 准备工作
1) 任务要求
(1) 在组织教学的过程中,结合线控转向实训台,让学生从实践中认知线控转向的构造原理。
(2) 在线控转向实训台上,详细介绍每一个零部件的名称、安装位置和主要作用。
(3) 在线控转向实训台上,规范操作测量转动转向盘时的电压以观察变化。

2)组织方式

学生以6人为一个任务小组进行分组,每组选出一名小组长,以小组为单位依次进行技能实训,每组小组长根据小组成员任务分工不同,确定不同任务的责任人,保证每位同学都能够参与实践操作。

3)实施准备

(1)安全要求及注意事项。

注意人身及设备安全,按照实践区域要求进入实训区穿戴劳动防护用品,严格遵守实训区安全作业规程。

场地面积足够,无障碍物。

电路检测时,学员应在指定工作区域,以免随意走动造成干扰。

(2)场地设施。

满足理论及实践教学的工学一体化教学教室。

(3)工具设备或耗材。

线控转向系统基本认知技能实训的工具设备或耗材见表2-4。

线控转向系统基本认知技能实训的工具设备或耗材 表2-4

名称/数量	对应图片
线控转向实训台(4套)	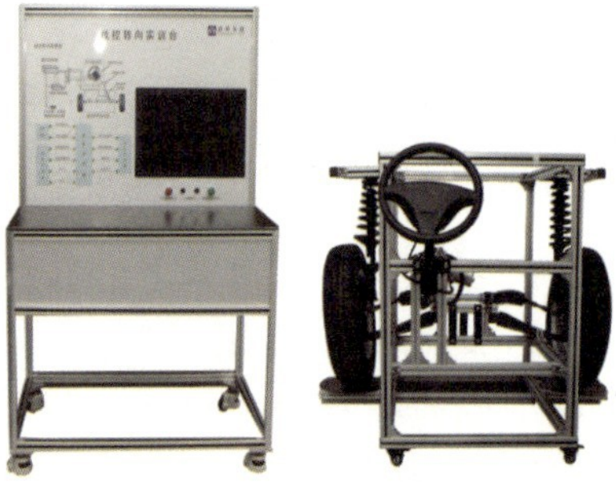

2. 实施步骤

线控转向系统基本认知技能实训的实施步骤见表2-5。

线控转向系统基本认知技能实训的实施步骤 表2-5

操作步骤	参考图片
1)接好控制柜电源线,打开控制柜左侧漏电保护开关,给设备通电	

续上表

操作步骤	参考图片
2)传感器位置认知 (1)转角传感器位置认知	
(2)转矩传感器位置认知	
(3)转向电动机位置认知	
3)用手左右反复转动转向盘,感受转向力大小	

续上表

操作步骤	参考图片
4)按下控制柜正面控制面板上的"12V电源开关",使其指示灯亮起,给转向台架供电	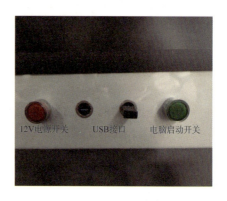
5)再次用手以同样速度左右反复转动转向盘,感受转向力大小	
6)关闭电源总开关,将线控转向实训台整理归位	

(二)线控转向系统故障排除

1. 准备工作

1)任务要求

(1)在线控转向实训台上,进行线控转向系统的标准电压测试。

(2)结合线控转向实训台,会进行线控转向系统故障原因分析。

(3)在线控转向实训台上,能排除线控转向系统故障。

2)组织方式

学生以6人为一个任务小组进行分组,每组选出一名小组长,以小组为单位依次进行技能实训,每组小组长根据小组成员任务分工不同,确定不同任务的责任人,保证每位同学都能够参与实践操作。

3)实施准备

(1)安全要求及注意事项。

注意人身及设备安全,按照实践区域要求进入实训区穿戴劳动防护用品,严格遵守实训区安全作业规程。

场地面积足够,无障碍物。

电路检测时,学员应在指定工作区域,以免随意走动造成干扰。

(2)场地设施。

满足理论及实践教学的工学一体化教学教室。

(3)工具设备或耗材。

线控转向系统故障排除技能实训的工具设备或耗材见表2-6。

线控转向系统故障排除技能实训的工具设备或耗材　　　　表2-6

名称/数量	对应图片
线控转向实训台(4套)	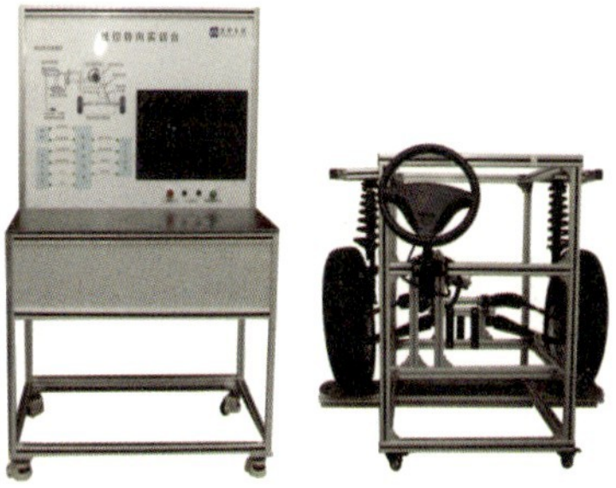
万用表(4个)	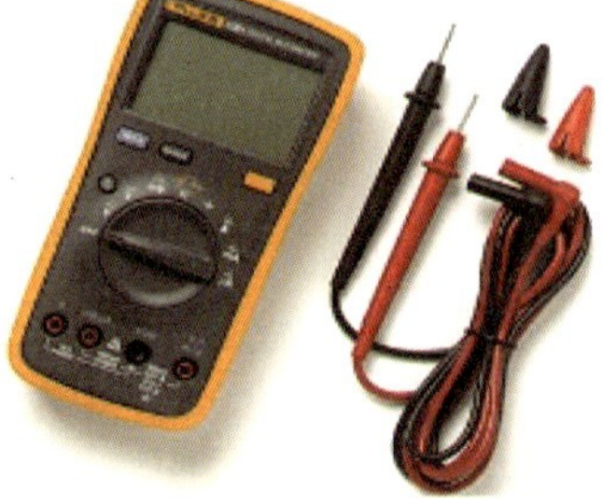

2. 实施步骤

线控转向系统故障排除的实施步骤见表2-7。

线控转向系统故障排除的实施步骤　　　　表 2-7

操作步骤	参考图片
1）接好控制柜电源线，将漏电保护开关按顺时针方向旋转 90°，给实训设备通电	
2）依次按下"12V 电源开关""电脑启动开关"两个按钮，两个按钮灯分别亮起，给设备及电脑通电	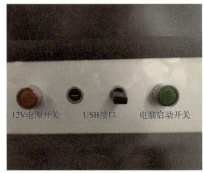

标准电压（无故障）

操作步骤	参考图片
1）转角传感器 （1）接好万用表测量线并调至测量直流电压挡，将红色测量笔插入"转角传感器供电"，将黑色测量笔插入"转角传感器地线"，观察电压表读数变化并记录	
（2）接好万用表测量线并调至测量直流电压挡，将红色测量笔插入"CAN_H"，将黑色测量笔插入"转角传感器地线"，观察电压表读数变化并记录	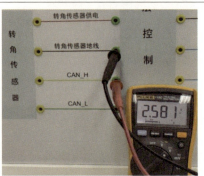

续上表

操作步骤	参考图片
（3）接好万用表测量线并调至测量直流电压挡，将红色测量笔插入"CAN_L"，将黑色测量笔插入"转角传感器地线"，观察电压表读数变化并记录	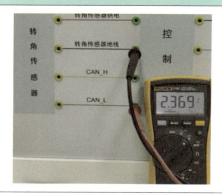
2）转矩传感器 （1）接好万用表测量线并调至测量直流电压挡，将红色测量笔插入"转矩传感器供电"，将黑色测量笔插入"转矩传感器地线"，观察电压表读数变化并记录	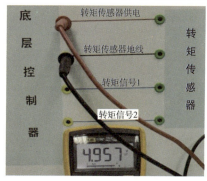
（2）接好万用表测量线并调至测量直流电压挡，将红色测量笔插入"转矩信号1"，将黑色测量笔插入"转矩传感器地线"，用手以左右反复转动转向盘，观察电压表读数变化并记录	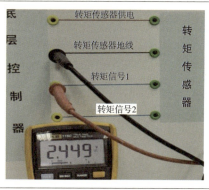
（3）接好万用表测量线并调至测量直流电压挡，将红色测量笔插入"转矩信号2"，将黑色测量笔插入"转矩传感器地线"，用手以左右反复转动转向盘，观察电压表读数变化并记录	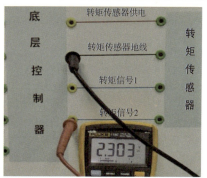

续上表

操作步骤	参考图片
转矩传感器线路故障	
1)打开PLC故障模块,断开转矩传感器供电(路径:桌面下方任务栏"组态王")	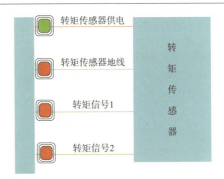
2)观察现象,并转动转向盘感受转向力大小	
3)使用鼠标左键双击打开电脑屏幕中"iLadar Data Collect"软件	
4)在转向系统的"Steer_Test"下面的命令菜单中的"Step"命令按钮中分别输入需要测试的转向角度和时间数值。使用鼠标右键单击"Step"命令,观察故障现象以及曲线	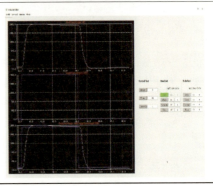

续上表

操作步骤	参考图片
5）由图像曲线可知转向盘转角信号准确	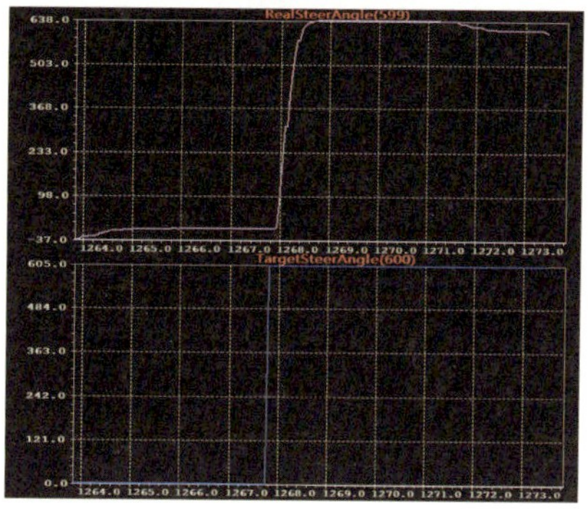
6）此时表现出的故障现象为转向盘向左打死，并且转向沉重，松手仍会自动向左打死，但上位机可控制转向，故怀疑转矩传感器线路故障或元件损坏	
7）接好万用表测量线并调至测量直流电压挡，将红色测量笔插入"转矩传感器供电"，将黑色测量笔插入"转矩传感器地线"，观察电压表读数并记录	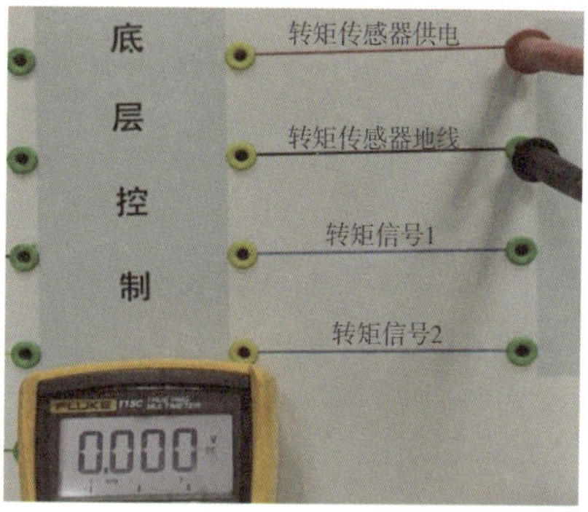
8）断开12V电源，测"转矩传感器供电"线端对端电阻	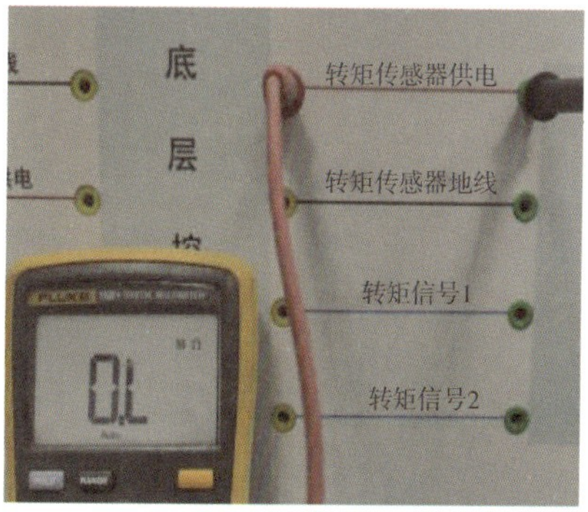

续上表

操作步骤	参考图片
9）确认是转矩传感器供电问题导致的故障,恢复转矩传感器供电	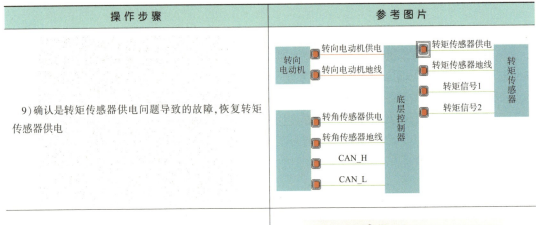
10）在软件界面右侧中"Control_Test"控制测试中使用"CSteer"命令测试转向,在其后面输入需要测试的转向角度数值。数值可以是 -400~400之间任意数值,然后鼠标左键单击"CSteer"命令,测试完成后关闭软件,用手转动转向盘确认转向系统是否恢复正常	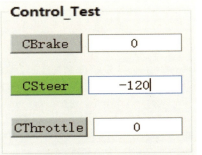
11）关闭电源总开关,将线控转向实训台整理归位	

转角传感器CAN线故障

1）PLC故障模块,断开CAN_H(路径:桌面下方任务栏"组态王")	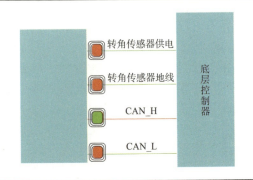

续上表

操作步骤	参考图片
2）使用鼠标左键双击打开电脑屏幕中"iLadarDataCollect"软件	
3）在软件界面右侧中"Control_Test"控制测试中使用"CSteer"命令测试转向，在其后面输入需要测试的转向角度数值。数值可以是 -400~400 之间任意数值，然后鼠标左键单击"CSteer"命令，观察现象	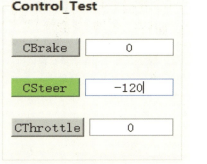
4）此时表现出的故障现象为上位机无法控制转向盘角度，目标转角曲线与实际转角不符，故怀疑转角传感器线路或元件故障	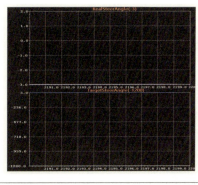
5）接好万用表测量线并调至测量直流电压挡，将红色测量笔插入"转角传感器供电"，将黑色测量笔插入"转角传感器地线"，观察电压表读数并记录	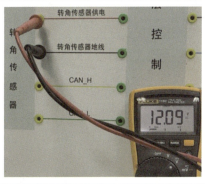

续上表

操作步骤	参考图片
6)接好万用表测量线并调至测量直流电压挡,将红色测量笔插入"CAN_H",将黑色测量笔插入"转角传感器地线",观察电压表读数并记录(有条件可用示波器测试)	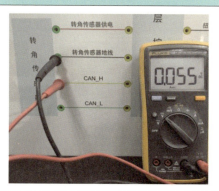
7)接好万用表测量线并调至测量直流电压挡,将红色测量笔插入"CAN_L",将黑色测量笔插入"转角传感器地线",观察电压表读数并记录(有条件可用示波器测试)	
8)断开12V电源测CAN_H线端电阻	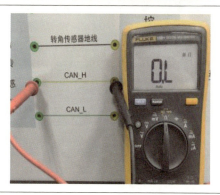
9)确认是CAN_H断路导致故障,恢复CAN_H线	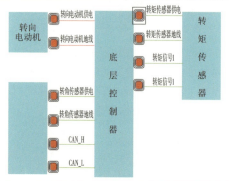

续上表

操作步骤	参考图片
10)在软件界面右侧中"Control_Test"控制测试中使用"CSteer"命令测试转向,在其后面输入需要测试的转向角度数值。数值可以是-400~400之间任意数值,然后鼠标左键单击"CSteer"命令,测试完成后关闭软件,用手转动转向盘确认转向系统是否恢复正常	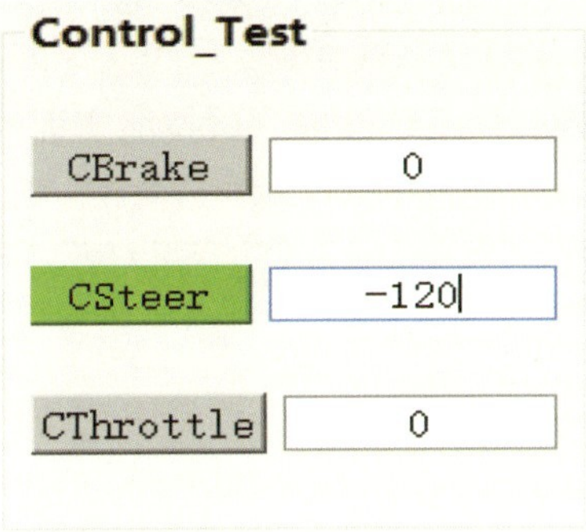
11)关闭电源总开关,将线控转向实训台整理归位	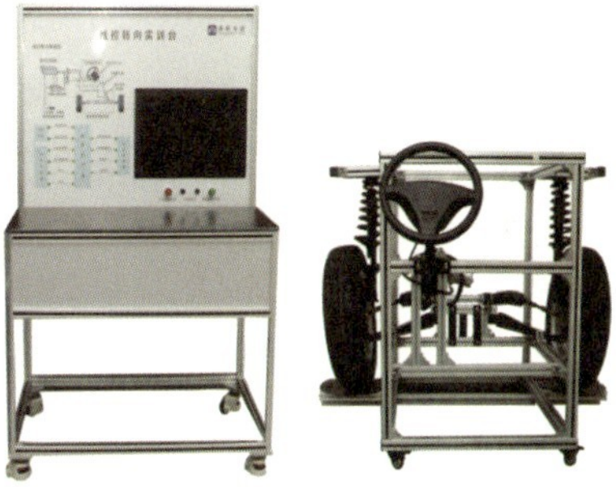

(三)线控转向系统性能测试

1. 实施方案

1)任务要求

(1)根据任务描述中的案例,需要学生掌握线控转向系统的性能测试。在组织教学的过程中,结合线控转向实训台,让学生从实践中掌握线控转向的性能测试。

(2)在线控转向实训台上,说明线控转向系统性能测试的要求和评价要求。

(3)在线控转向实训台上,规范地进行线控转向系统性能测试。

2)组织方式

学生以6人为一个任务小组进行分组,每组选出一名小组长,以小组为单位依次进行技能实训,每组小组长根据小组成员任务分工不同,确定不同任务的责任人,保证每位同学都能够参与实践操作。

3)实施准备

(1)安全要求及注意事项。

注意人身及设备安全,按照实践区域要求进入实训区穿戴劳动防护用品,严格遵守实训区安全作业规程。

场地面积足够,无障碍物。

电路检测时,学员应在指定工作区域,以免随意走动造成干扰。
(2)场地设施。
满足理论及实践教学的工学一体化教学教室。
(3)工具设备或耗材。
线控转向系统性能测试技能实训的工具设备或耗材见表2-8。

线控转向系统性能测试技能实训的工具设备或耗材　　　　表2-8

名称/数量	对应图片
线控转向实训台(4套)	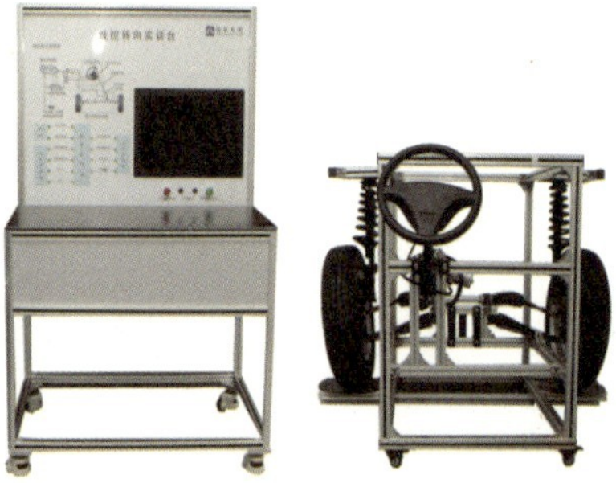

2. 实施步骤

线控转向系统性能测试技能实训的实施步骤见表2-9。

线控转向系统性能测试技能实训的实施步骤　　　　表2-9

操作步骤	参考图片
1)接好控制柜电源线,将漏电保护开关按顺时针方向旋转90°,给实训设备通电	
2)依次按下"12V电源开关""电脑启动开关"两个按钮,两个按钮灯分别亮起,给设备及电脑通电	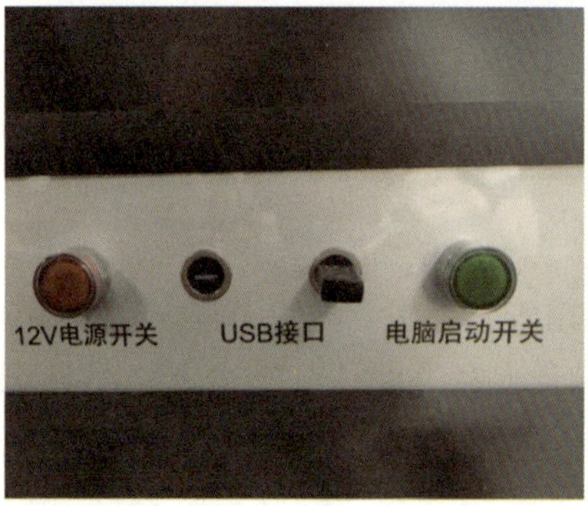

续上表

操作步骤	参考图片
3)使用鼠标左键双击打开电脑屏幕中"iLadarDataCollect"软件	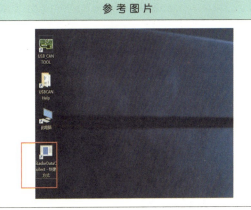
4)使用鼠标左键单击"iLadarDataCollect"软件中"Selection"命令,弹出下拉菜单,依次选中"RealSteerAngle""TargetSteerAngle""Sum Plot"三个命令	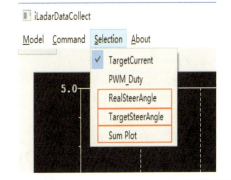
5)阶跃响应特性 (1)在转向系统的"Steer_Test"下面的命令菜单中的"Step"命令按钮中分别输入需要测试的转向角度和时间数值。使用鼠标右键单击"Step"命令,当其颜色变成绿色,则开始测试。 注:转角数值可以是-400~400之间任意数值	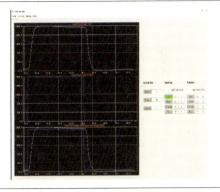
(2)观察电脑屏幕中的转向曲线,待曲线正常后,观察实际转向和理论转向曲线的偏差度	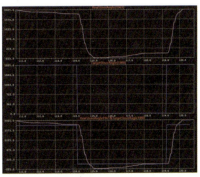

续上表

操作步骤	参考图片
6）斜坡跟踪性能测试 （1）转向系统的"Steer_Test"下面的命令菜单中的"Slope"命令按钮中分别输入需要测试的转向角度和时间数值。使用鼠标右键单击"Slope"命令，当其颜色变成绿色，则开始测试。 注：转角数值可以是 -400~400 之间任意数值	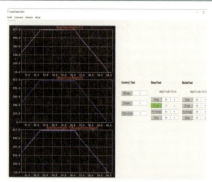
（2）观察电脑屏幕中的转向曲线，待曲线正常后，观察实际转向和理论转向曲线的偏差度	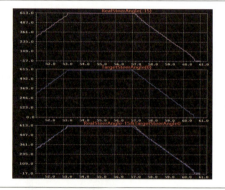
7）台阶转向性能测试 （1）转向系统的"Steer_Test"下面的命令菜单中的"Footstep"命令按钮中分别输入需要测试的转向角度和时间数值。使用鼠标右键单击"Footstep"命令，当其颜色变成绿色，则开始测试。 注：转角数值可以是 -400~400 之间任意数值	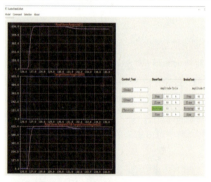
（2）观察电脑屏幕中的转向曲线，待曲线正常后，观察实际转向和理论转向曲线的偏差度	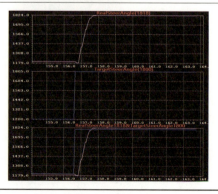

续上表

操作步骤	参考图片
8）正弦跟踪特性测试 （1）转向系统的"Steer_Test"下面的命令菜单中的"Sine"命令按钮中分别输入需要测试的转向角度和时间数值。使用鼠标右键单击"Sine"命令，当其颜色变成绿色，则开始测试。 注：转角数值可以是 -400~400 之间任意数值	
（2）观察电脑屏幕中的转向曲线，待曲线正常后，观察实际转向和理论转向曲线的偏差度	
（3）使用鼠标左键单击"iLadarDataCollect"软件中"Command"命令，弹出下拉菜单，然后使用鼠标左键单击"Save Data"命令可分别将测试数据和测试曲线图保存到电脑上	
9）软件界面右侧中"Control_Test"是控制测试，转向测试使用"CSteer"命令，可以在其后面输入需要测试的转向角度数值。数值可以是 -540~540 之间任意数值。测试时，只需要在"CSteer"命令右侧空白处输入需要测试的角度值，然后鼠标左键单击"CSteer"命令即可。 注：输入角度为负数，则转向盘向右旋转；输入角度为正数，转向盘向左旋转	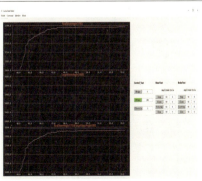

续上表

操作步骤	参考图片
10)关闭电源总开关,将线控转向实训台整理归位	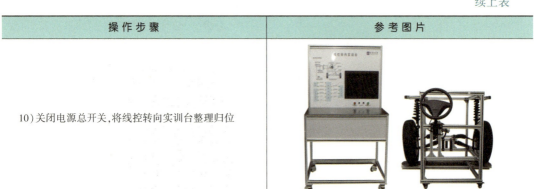

(四)评价与反馈

1. 自我评价与反馈

(1)是否遵守课堂纪律、是否认真听讲,占20%,成绩为_____。

(2)团队合作意识、尊重团队成员(包括老师和其他同学),占30%,成绩为_____。

(3)学习任务(工作任务)完成情况,占40%,成绩为_____。

(4)5S 现场管理及环保意识、成本控制意识,占10%,成绩为_____。

2. 小组评价与反馈

(1)是否遵守课堂纪律、是否认真听讲,占20%,成绩为_____。

(2)团队合作意识、尊重团队成员(包括老师和其他同学),占30%,成绩为_____。

(3)学习任务(工作任务)完成情况,占40%,成绩为_____。

(4)5S 现场管理及环保意识、成本控制意识,占10%,成绩为_____。

3. 教师评价及反馈

(1)是否遵守课堂纪律、是否认真听讲,占20%,成绩为_____。

(2)团队合作意识、尊重团队成员(包括老师和其他同学),占30%,成绩为_____。

(3)学习任务(工作任务)完成情况,占40%,成绩为_____。

(4)5S 现场管理及环保意识、成本控制意识,占10%,成绩为_____。

综合评价的最终成绩为_____。

(五)技能考核标准

技能考核标准见表2-10。

技能考核标准 表2-10

姓名:_____ 学号:_____

开始时间:____时____分 结束时间:____时____分 用时:_____

序号	项目	评价内容	评价分值	学生自评	学生互评	教师评价
1	时间要求	按规定时间完成技能实训,不占用其他小组时间	5			

续上表

序号	项目	评价内容	评价分值	学生自评	学生互评	教师评价
2	质量要求	小组分工明确、认知流程制订合理	5			
3		能正确识别线控转向系统各组成部件	10			
4		能向同组同学阐述线控转向系统各部件的具体作用	15			
5		能正确测量转矩传感器电压值,排除线控转向系统故障	25			
6		能正确进行线控转向系统性能测试	25			
7	安全要求	遵守安全操作规程	5			
8	文明要求	按文明生产规则进行操作	5			
9	环保要求	及时整理工具及现场,合理处理废弃物	5			
		本任务得分	100			

思考与练习

一、判断题

1. 电动转向系统控制中要考虑基本助力、摩擦补偿、惯性补偿、阻尼补偿。（   ）
2. 电动助力转向系统按照辅助电动机的布置方式可分为转向轴助力式、齿轮助力式和齿条助力式三种。（   ）
3. EPS 需要管路、泵、滑阀和转向液。（   ）
4. 电动助力转向系统失效后,汽车将无法实现转向。（   ）
5. 线控转向系统一般采取 LIN 总线进行联网。（   ）
6. 最常见的 CAN 编码格式是 Intel 和 Motorola。（   ）
7. 电控转向系统主要由工控机、底层控制器和转向机构三部分构成,三者之间是通过 CAN 线相连接。（   ）
8. 转向盘电动机的供电一般采用两路冗余设计。（   ）
9. 感知系统、决策系统、操纵系统三部分构成了虚拟的驾驶员模型。（   ）
10. 操纵良好的汽车应具有中性转向特性。（   ）

二、选择题

1. 电动助力转向系统中的控制信号一般不包括(   )。
   A. 车速信号　　　　　　　　B. 转向盘转角信号
   C. 转矩信号　　　　　　　　D. 转向器传动比信号
2. 下列选项中不属于电动助力转向系统的组成部件的是(   )。
   A. 转矩传感器　　B. 直流电动机　　C. 逆变器
3. 在线控转向中转矩传感器有(   )个信号值。
   A. 1　　　　　　B. 2　　　　　　C. 4

4. 电动助力转向系统通过(　　)与整车控制器 VCU 通信。

　　A. CAN 总线　　　　B. LIN 总线　　　　C. MOST 总线　　　　D. FLEXRAY 总线

5. 线控转向系统主要传感器包括(　　)。

　　A. 转向盘转角传感器(角位移传感器)

　　B. 温度传感器

　　C. 转矩传感器

　　D. 车速传感器

6. 在跨字节时,Intel 编码格式的起始位是以下哪个选项的低位?(　　)

　　A. 低字节　　　　　B. 高字节　　　　　C. 一般字节　　　　D. 特殊字符

7. 转向盘转角的线性比例关系由以下哪个传感器确定?(　　)

　　A. 转角传感器　　　B. 转矩传感器　　　C. 温度传感器

8. 线控转向系统的"冗余设计"不包括(　　)。

　　A. 传感器的冗余　　　　　　　　　　B. 电动机的冗余

　　C. 转向盘的冗余　　　　　　　　　　D. 车载电源系统的冗余

9. 线控转向系统采用具有容错强有冗余特性的(　　)总线。

　　A. CAN　　　　　　B. FlexRay　　　　C. LIN　　　　　　D. MOST

10. 在线控转向系统中关于传感器的说法正确的选项是(　　)。

　　A. 仅有转角传感器　　　　　　　　　B. 仅有转矩传感器

　　C. 转角传感器和转矩传感器都有

11. 对于瞬态横摆响应试验需记录的参数,以下选项说法正确的是(　　)。

　　A. 横摆角速度　　　B. 侧向加速度　　　C. 都需要

模块三　智能网联汽车线控制动技术

学习目标

▶ 知识目标

1. 了解传统汽车制动系统的分类与组成；
2. 理解传统汽车制动系统的结构及工作原理；
3. 熟悉汽车线控制动系统的组成、结构；
4. 掌握汽车线控制动系统的工作原理。

▶ 技能目标

1. 能识别汽车线控制动系统的主要部件；
2. 能完成汽车线控制动系统基本检查；
3. 能绘制汽车线控制动系统控制策略，并进行展示汇报；
4. 能结合线控制动实训台，掌握线控制动的性能测试。

▶ 素养目标

1. 通过技能训练、工位整理、废弃物处理和垃圾分类，形成热爱劳动、爱岗敬业、安全环保的职业素养；
2. 通过任务实施、质量检查，培育严谨扎实、精益求精的工匠精神。

建议课时

16课时

一、传统汽车制动系统

（一）传统汽车制动系统的分类与组成

根据功能的不同，汽车上通常会有两套制动系统。

行车制动（脚刹）：通过制动踏板来实现车辆的减速。

驻车制动(手刹):保持车辆停止状态。

传统制动系统的基本组成如图 3-1 所示。

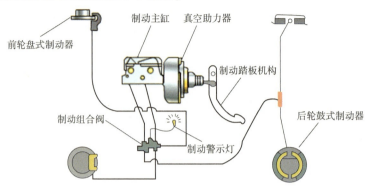

图 3-1　传统制动系统的基本组成

(二)电子制动辅助系统(EBA)

电子制动辅助系统(Electronic Brake Assist,EBA)和制动力辅助系统(Brake Assist System,BAS)能够通过判断驾驶员的制动动作(力量及速度),在紧急制动时增加制动力,从而将制动距离缩短。对于像老人或女性这种脚踝及腿部力量不是很足的驾驶员来说,该系统的优势则会表现得更加明显。而机械制动辅助系统,其实是电子紧急制动辅助系统的前身。如图 3-2 所示,当传感器接收到的松加速踏板踩制动踏板的时间、踩制动踏板的速率和力度都符合要求时,ECU 会马上启动紧急制动措施,在短短几毫秒之内把制动力全部发挥出来,这比驾驶员把制动踏板踩到底的时间要快得多,这样可以缩短在紧急制动情况下的制动距离。

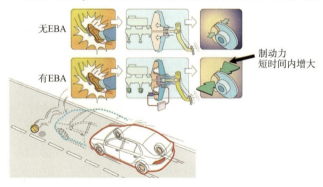

图 3-2　电子制动辅助系统

(三)防抱死制动系统(ABS)

防抱死制动系统(Anti-lock Braking System,ABS)是一种具有防滑、防锁死等优点的汽车安全控制系统,已广泛运用于汽车上。ABS 主要是在原有的制动系统中加装了 ABS 控制单元、ABS 控制器、前后轮车速传感器、脉冲发生器等,如图 3-3 所示。

ABS 系统基本工作原理如图 3-4 所示,轮速传感器用于检测车轮的速度,这个速度信号会输入 ABS 控制单元。ABS 控制单元接收轮速信号及其他信号,计算车轮的滑移率、车轮的加速度、减速度等信号,判断车轮是否有抱死的趋势从而输出控制指令给 ABS HCU(液压控制单元)。ABS HCU 相当于执行器,接收 ABS 控制单元的命令,执行压力调节的任务。

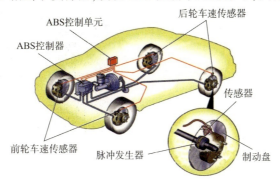

图 3-3 ABS 系统结构示意图

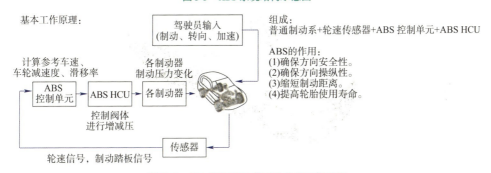

图 3-4 ABS 系统组成、作用及基本工作原理

制动过程中,ABS 控制单元不断从轮速传感器获取车轮的速度信号,并加以处理,进而判断车轮是否即将被抱死。当车轮趋于抱死临界点时,制动轮缸压力不随制动主缸压力增大而增大,压力在抱死临界点附近变化,如图 3-5 所示。如判断车轮没有抱死,ABS HCU 不参加工作,制动力将继续增大;如判断出某个车轮即将抱死,ABS 控制单元向 ABS HCU 发出指令,关闭制动主缸与制动轮缸的通道,使制动轮的压力不再增大;如判断出车轮出现抱死拖滑状态,即向 ABS HCU 发出指令,使制动轮缸的油压降低,减少制动力。

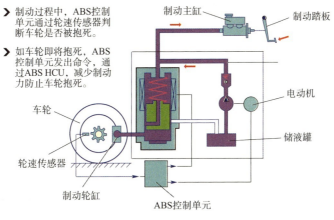

图 3-5 ABS 制动控制过程

车辆在湿滑的路面起步会出现打滑现象,这是 ABS 解决不了的;出现上述打滑现象,牵引力控制系统(TCS)会干预发动机和制动系统,避免车轮打滑。

(四)车身电子稳定系统(ESP)

1. 车身电子稳定系统的组成

车身电子稳定系统(Electronic Stability Program,ESP)系统其实是 ABS(防抱死制动系统)和 ASR(驱动轮防滑转系统)功能上的延伸,主要由 ESP 电子控制模块、转向盘转角传感器(监测转向盘的转向角度)、轮速传感器(监测各个车轮的速度转动)、角加速度传感器等组成。控制单元通过这些传感器的信号对车辆的运行状态进行判断,进而发出控制指令,如图 3-6 所示。

图 3-6　ESP 系统组成

2. 车身电子稳定系统的功能

车身电子稳定系统可以实现车辆的纵向动力学和横向动力学的稳定性控制,会用到转向盘转角传感器、制动主缸压力传感器来判断驾驶员的驾驶意图;横摆角速度传感器、横向加速度传感器用来确定车辆实际的运行轨迹,用来计算质心侧偏角。

3. 车身电子稳定系统的工作原理

控制单元会接收到驾驶员的输入信号,通过汽车的动力学模型估计车辆的运动状态和车辆实际运行状态,并且进行比较得到相应的控制指令(制动控制指令或者发动机的转矩需求控制指令),最后再由具体的执行器完成车辆的控制。如图 3-7 所示,当车辆前面突然出现障碍物时,驾驶员必须快速向左转弯,此时转向传感器将此信号传递到 ESP 控制总成,侧滑传感器和横向加速度传感器发出汽车转向不足的信号,这就意味着汽车将会直接冲向障碍物。那么这时 ESP 系统将会瞬间将后轮紧急制动,这样就能产生转向需要的反作用力,使汽车按照转向意图行驶。如果在汽车转向后行驶的左车道上反向转向时,汽车会有转向过度的危险,向右的转矩过大,以至于车尾甩向左侧。这时 ESP 系统会将左前轮制动,转矩就会减小,使得汽车顺利转向。

(五)电子稳定控制系统(ESC)

随着高级驾驶辅助系统(ADAS)在传统车辆上的应用,诸如自适应巡航系统(ACC)、自动紧急制动系统(AEB)功能的实现都需要使用线控制动功能。为满足使用需求,像博世(BOSCH)公司的 ESP 与德国大陆(Continental)集团的电子稳定控制系统(Electronic Stability Controller,ESC)开始支持 ACC 和 AEB 功能,目前,在 L2 级自动驾驶及以下的常规车辆中一般采用的是基于 ESC 的线控制动系统。这样,传统车辆在制动执行部分只需升级 ESC 系统的版本就可以实现线控制动功能。

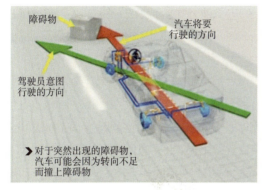
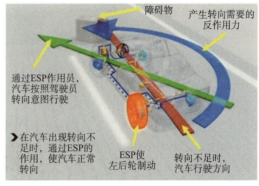
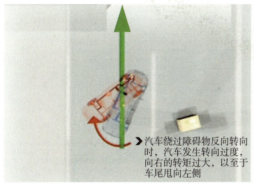
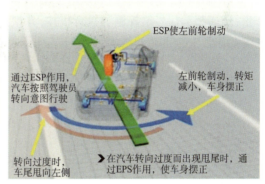

图 3-7 ESP 系统工作原理

ESC 系统由传感器、控制器和执行器三部分组成。传感器通常包括 4 个轮速传感器、转向盘转角传感器、侧向加速度传感器、横摆角速度传感器、制动主缸压力传感器等;控制器主要是液压控制单元,通常与发动机管理系统联动;执行部分则包括制动系统、液压调节器等,如图 3-8 所示。

图 3-8 ESC 系统组成

ESC 是在防抱死制动系统(ABS)系统的基础上发展而来的,ESC 与 ABS 最大的不同在于 ESC 可以在没有踩制动踏板的情况下由预压泵建立制动压力并输出至制动轮缸产生制动效果。与 ABS 相比主要增加了建立压力的预压泵以及两对电磁阀。

由于 ESC 系统液压泵的功率较小,只适合承担紧急情况下的辅助制动,如果直接应用于 L3 级自动驾驶及以上车辆的常规制动存在制动力不足及可靠性下降等问题。为满足更高级别线控制动的性能要求,相关厂商开发出了电子液压制动系统(Electronic Hydraulic Brake,EHB)和电子机械制动系统(Electronic Mechanical Brake,EMB)等线控制动系统。

二、线控制动系统的应用

近几年,自动驾驶技术的发展推动了线控制动技术的进一步发展。线控制动是自动驾驶汽车"控制执行层"中最关键的,也是技术难度最高的部分。线控制动系统(Brake-By-Wire,BBW)又称电子式制动系统,根据制动供能装置的不同,主要有两种形式的线控制动系统:电子液压制动系统(EHB)和电子机械制动系统(EMB),如图 3-9 所示。

线控制动系统将原有的制动踏板用一个模拟发生器替代,用以接收驾驶员的制动意图,产生、传递制动信号给控制和执行机构,并根据一定的算法模拟反馈给驾驶员。显而易见,它需要非常安全可靠的结构,其基本工作原理如图 3-10 所示。

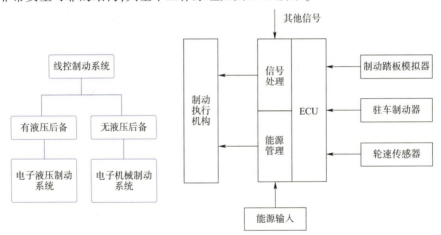

图 3-9 线控制动系统类型　　　图 3-10 线控制动系统工作原理

EHB 的组成

(一)电子液压制动系统(EHB)

1. EHB 的组成

EHB 主要由制动踏板单元、电子控制单元(ECU)、液压控制单元(HCU)以及一系列的传感器组成。

1)制动踏板单元

包括制动踏板感觉模拟器、制动踏板力传感器或/和制动踏板行程传感器以及制动踏板。制动踏板感觉模拟器是 EHB 的重要组成部分,为驾驶员提供与传统制动系统相似的制动踏板感觉(制动踏板反力和制动踏板行程),使其能够按照自己的习惯和经验进行制动操作。制动踏板传感器用于监测驾驶员的操纵意图,一般采用制动踏板行程传感器,采用制动踏板力传感器的较少,也有二者同时应用,以提供冗余传感器且可用于故障诊断。

EHB 由于具有冗余系统,安全性在用户的可接受性方面更具优势,且此类型产品成熟度高,目前各大供应商都在推行其开发的产品,如博世 ibooster、大陆的 MK C1、采埃孚 IBC。如图 3-11 所示。

博世 ibooster　　　　　大陆 MK C1　　　　　采埃孚 IBC

图 3-11　EHB 系统产品

2)液压控制单元(HCU)

液压控制单元(HCU)用于实现车轮增减压操作。HCU 一般包括如下几个部分:

独立于制动踏板的液压控制系统——该系统带有由电动机、泵和高压蓄能器组成的供能系统,经制动管路和方向控制阀与制动轮缸相连,控制制动液流入/流出制动轮缸,从而实现制动压力控制。

人力驱动的应急制动系统——当伺服系统出现严重故障时,制动液由人力驱动的制动主缸进入制动轮缸,保证最基本的制动力使车辆减速停车。

平衡阀——同轴的两个制动轮缸之间设置有平衡阀,除需对车轮进行独立制动控制的工况之外,平衡阀均处于断电开启状态,以保证同轴两侧车轮制动力的平衡。

3)传感器

包括轮速传感器、压力传感器和温度传感器,用于监测车轮运动状态、轮缸压力的反馈控制以及不同温度范围的修正控制等。

2. EHB 的工作原理

与传统制动系统相比,EHB 是利用电信号,将驾驶员的制动命令传递到 EHB 电子控制单元(ECU)中,同步处理其他各路传感器信号,并根据特定行驶状态计算每一个车轮的最佳制动力,如图 3-12 所示。

EHB 的工作原理

它以电子元件替代了部分机械元件,制动踏板也不再与制动轮缸直接相连,即制动踏板与制动系统并无刚性连接,也无液压连接,而是仅仅连接着一个制动踏板传感器,用于给电脑(EHB ECU)输入一个制动踏板位置信号,弥补了传统制动系统设计和原理所导致的不足,使制动控制得到最大的自由度,从而充分利用路面附着,提高制动效率。

传统制动系统中制动主缸与制动轮缸通过制动管路相连,制动压力直接由人力通过制动踏板输入,而真空助力器作为辅助动力源也要受到发动机真空度的限制。这种结构特点限制了制动压力建立、各轮制动力的分配以及与其他系统的集成控制等,在进一步提高制动效果方面潜力有限。

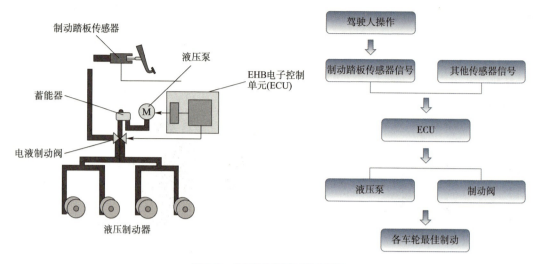

图 3-12 电子液压制动系统(EHB)

EHB 由于改变了压力建立方式,制动踏板力不再影响制动力,弥补了传统制动系统的不足,具有许多传统制动系统无法比拟的优越性。

3. EHB 的控制

EHB 所要实现的制动动作分为基本制动和控制制动。

所谓基本制动,是指驾驶者根据自己的意图,施加或大或小的踏板力,控制车辆的减速度并保证他所期望的行驶方向,踏板力的值还达不到使车轮抱死的程度。而此时的 EHB 要充分反映驾驶者的意图,给予驾驶者所期望的制动力。

控制制动则指在必要的附加干预下施行的制动。即当驾驶者欲对车辆采取紧急的全力制动,而大力并快速地踩下制动踏板时,EHB 就应该识别出这一要求,在给予车轮足够大的制动力的同时,对车轮上的制动力进行控制以防止车轮抱死、车辆的制动稳定性下降等情况的出现。

EHB 还可以融合多种车辆控制系统:当车辆在低附着路面起步或加速时以及车辆从高附着路面行驶到低附着路面时,系统集成驱动防滑功能;在车辆转弯时,EHB 通过车轮制动实现车辆稳定性控制。

EHB 具有传统制动系统无法比拟的优越性,但 EHB 系统仍然采用电液控制方式,严格意义上说并不是纯粹的线控制动系统,与电子机械制动系统 EMB 相比,当前 EHB 技术更加成熟,因而在短期内有极佳的发展前景。

(二)电子机械制动系统(EMB)

电子机械制动系统(EMB)与常规的液压制动系统截然不同,EMB 以电能为能量来源,通过电动机驱动制动垫块,由电线传递能量,数据线传递信号,EMB 是线控制动系统的一种。整个系统中没有连接制动管路,结构简单,体积小,信号通过电传播,反应灵敏,减小制动距离,工作稳定,维护简单,没有液压油管路,不存在液压油泄漏问题,通过 ECU 直接控制,易于实现制动防抱死制动(ABS)、牵引力控制(TCS)、车身电子稳定(ESP)、自适应巡航(ACC)等功能。

EMB中,所有液压装置(包括主缸、液压管路、助理装置等)均被电子机械系统替代。EMB的ECU通过制动器踏板传感器信号以及车速等车辆状态信号,驱动和控制执行机构的电动机来产生所需的制动力。

EMB的工作原理如图3-13所示,每一个制动执行机构都有自己的动力控制单元,而动力控制单元所需的控制信号(如制动执行机构应该产生的力矩),由中心控制模块来提供。控制单元同样也从执行机构获得反馈回来的信号,如电动机转子转角、实际产生力矩、制动衬块和制动盘的触点压力等。中心模块通过不同的传感器(如制动力传感器、踏板位移传感器、轮速传感器等)获取自己所需的变量参数,识别驾驶员的意图,经过处理后发送给每一个车轮,以此来控制制动效果。驾驶员意图来自制动踏板单元,它包括制动踏板、踏板位移传感器、踏板力传感器和踏板力模拟机构。踏板位移传感器和踏板力传感器并不是必须同时存在的。

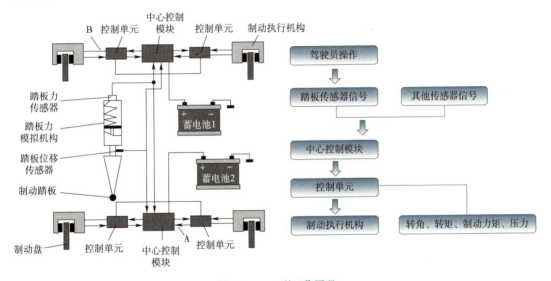

图3-13 EMB的工作原理

由图3-13可以看出系统中分为前轴和后轴两套制动回路A、B,每一套回路都有自己的中心控制模块和动力源。动力源为蓄电池1、蓄电池2。两个中心控制模块相对独立工作,同时也通过双向的信号线互相通信,在这种结构下,可以做到当其中某一套制动线路失灵或出现故障时,另外一套线路可以照常工作,保证制动的安全性。EMB系统中的执行机构是与制动盘直接相连的部分,这是EMB与EHB差别最大的部分。

现代的汽车电子化程度越来越高,新能源汽车和自动驾驶汽车的发展又进一步加快了这种趋势。由于EHB以液压为制动能量源,液压的产生和电控化相对来说比较困难,不容易做到和其他电控系统的整合,而且液压系统的重量对轻量化不利,所以,EHB的大面积普及并不被看好。

未来可能成为主流的线控制动系统将是EMB,但EMB技术在汽车上的应用并不成熟,短期内难以量产。下面重点介绍EMB的优点和目前发展的制约因素。

1. EMB 的优点

(1) 安全优势极为突出,反应时间在 100ms 以内,大幅度缩短制动距离。

(2) 不需要助力器,让出布置空间。

(3) 没有液压系统,质量轻且环保。

(4) ABS 模式下无回弹震动,可以消除噪声。

EMB 的优势和制约因素

(5) 便于集成电子驻车、防抱死、制动力分配等附加功能,直接在控制器添加代码即可。

2. 目前发展的制约因素

(1) 无液压备用制动系统,对可靠性要求极高。包括稳定的电源系统、更高的总线通信容错能力和电子电路的抗干扰能力。

(2) 制动力不足。因轮毂处布置空间决定制动电动机不可能太大,需开发配备较高电压(如 48V)系统提高电动机功率。

(3) 工作环境恶劣,特别是高温。因属于簧下部件,振动高,且制动温度达几百度,制约现有 EMB 零部件的设计。如:因空间限制,制动电动机只能采用永磁式,而最好的磁王钕铁硼(N35 牌号)工作上限 80℃,310℃ 磁性消失,制动电动机无法工作。另如:EMB 部分半导体需工作在制动摩擦片附近,不能承受几百度的高温,且因体积限制难以配置冷却系统。

(三) 线控制动的实现(以 ABS 为例)

(1) 和线控驱动实现的方式一样,加装一套执行机构和控制系统,控制系统可以和线控驱动的控制系统结合起来,比较目标车速和实际车速驱动加速踏板或者驱动制动踏板。如图 3-14 所示。

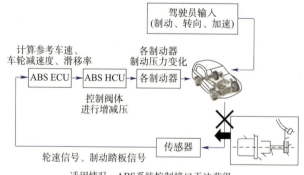

适用情况:ABS 系统控制接口无法获得

图 3-14 加装制动执行机构

(2) 对 ABS ECU 进行接管控制,比如 ABS ECU 接收期望制动压力信号,直接驱动 HCU。如图 3-15 所示。

(四) iBooster 智能化助力器系统

博世 iBooster 智能化助力器系统实现的功能和真空助力器功能是一样的,当驾驶员踩下制动踏板的时候提供制动助力功能。结构和 ESP 几乎一样,都是由电动机、蜗轮蜗杆,再加上齿轮齿条机构将电动机的驱动力矩转为齿条的推力从而为驾驶员提供助力。其工作过程如图 3-16 所示。

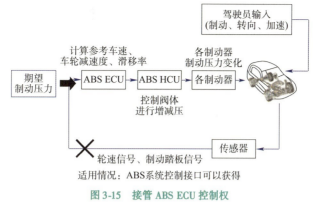

图 3-15 接管 ABS ECU 控制权

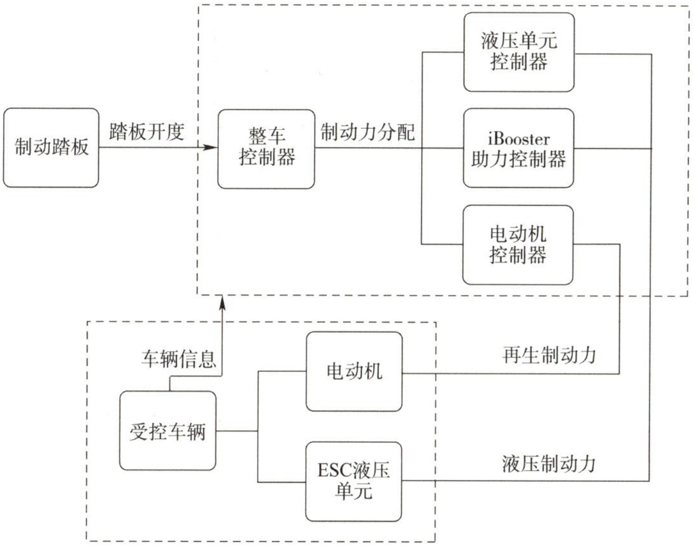

图 3-16 iBooster 智能化助力器工作过程

工作过程：

(1) 驾驶员踩下制动踏板，整车控制器根据制动踏板行程与加速度信号分配前后轴制动力，同时根据车辆状态、电动机状态和电池状态，计算电机可提供最大再生制动力。

(2) 计算 iBooster 需要提供的电动机助力及电动机位移，并将助力作用于制动主缸。

(3) 液压单元控制器分配前后轴液压制动力，并作用于制动轮缸。

(4) 电动机控制器控制电动机，满足再生制动力需求。

(5) 电动机再生制动力随车速、电动机转速、电池容量等实时变化，液压制动力全链路随电动机制动力变化而调整。

优点：根据具体的行车工况，提供最合适的辅助制动力矩；对于新能源车，尤其是纯电动车，产生真空助力比较麻烦，成本也比较高，iBooster 为此提供了全新的解决方案。

三、线控制动系统性能测试

线控制动系统的性能测试主要包括瞬态响应特性测试、小制动压力控制性能测试和制动释放时间测试。

(一) 瞬态响应特性测试

为线控制动系统输入阶跃形式的期望制动压力,测试系统的瞬态响应特性,分析超调量、稳态误差和稳定时间。相关定义如下:

(1) 超调量:响应曲线的最大峰值与稳态值的差。

(2) 稳定时间:从给出信号到系统达到稳定数值所需的时间。

(3) 稳态误差:期望值与系统稳态值之差。

某车型(气压制动)进行瞬态响应特性测试,采用的阶跃期望制动压力为 0.2MPa、0.25MPa、0.3MPa、0.35MPa、0.4MPa、0.45MPa、0.5MPa、0.6MPa、0.7MPa,测试结果见表 3-1 ~ 表 3-3。

阶跃响应稳态误差　　　　　　　　　　　表 3-1

期望压力(MPa)	实际压力稳态值(MPa)	误　　差
0.2	0.211	5.5%
0.25	0.253	1.2%
0.3	0.293	2.4%
0.35	0.34	3%
0.4	0.385	3.8%
0.45	0.435	3.3%
0.5	0.485	3%
0.6	0.62	3.3%
0.7	0.69	1.4%

阶跃响应超调量　　　　　　　　　　　表 3-2

期望压力(MPa)	实际压力峰值(MPa)	实际压力稳态值(MPa)	超　调　量
0.2	0.215	0.211	1.9%
0.25	0.26	0.253	2.8%
0.3	0.3	0.293	2.4%
0.35	0.348	0.34	2.4%
0.4	0.397	0.385	3%
0.45	0.458	0.435	5.2%
0.5	0.51	0.485	5.2%
0.6	0.68	0.62	9.7%
0.7	0.70	0.69	1.5%

阶跃响应稳定时间　　　　　　　　　　　表 3-3

期望压力(MPa)	稳定时间(ms)	期望压力(MPa)	稳定时间(ms)
0.2	344	0.45	355
0.25	365	0.5	345
0.3	354	0.6	358
0.35	351	0.7	351
0.4	359		

由试验数据分析可得：

(1)阶跃响应稳态误差在期望压力为 0.2MPa 时，误差较大。

(2)阶跃响应稳态误差范围在 0~0.02MPa，见图 3-17、图 3-18。

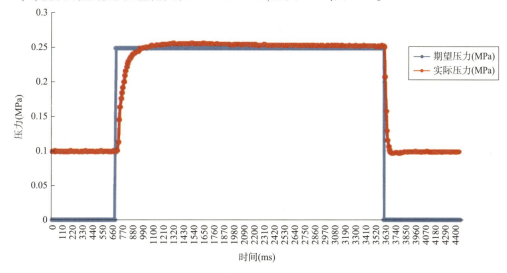

图 3-17　制动系统阶跃响应曲线 1

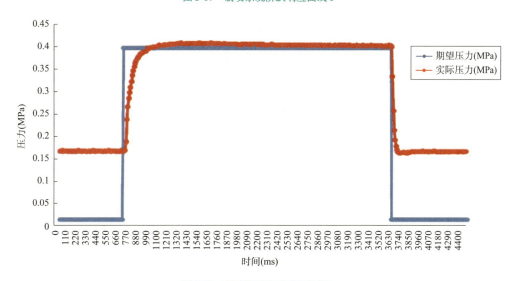

图 3-18　制动系统阶跃响应曲线 2

（3）阶跃响应在0.6MPa时，超调量在9.7%（图3-19），其余情况下相对较小。

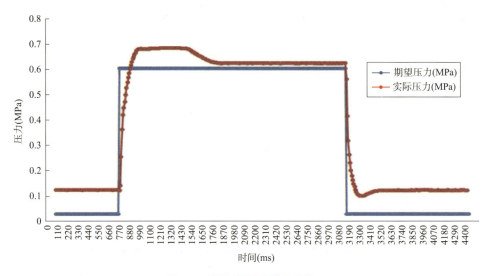

图3-19 制动系统阶跃响应曲线3

（4）阶跃响应稳定时间在350ms左右，相对稳定。

（二）小制动压力控制性能测试

小制动压力是汽车以缓慢减速为目的的制动压力区间，一般对于气压制动车在0.1～0.2MPa、液压制动车在1～5MPa以内的制动区间可以认为属于小制动压力范围，在该区间内，线控制动系统的控制精度应满足要求。

为线控制动系统输入阶跃形式的期望制动压力，测试系统的瞬态响应特性，分析其稳态误差。相关定义同上。

某车型（气压制动）进行小制动压力控制性能测试，采用的阶跃期望制动压力为0.12MPa、0.14MPa、0.16MPa、0.18MPa、0.2MPa。测试结果见表3-4。

表3-4 小制动压力控制稳态分析（单位：MPa）

期望压力	实际压力稳态值	精　　度
0.12	0.128	0.008
0.14	0.147	0.007
0.16	0.165	0.005
0.18	0.188	0.008
0.2	0.21	0.01

由试验数据分析可得：该系统的小制动压力控制误差较小。

（三）制动释放时间测试

为线控制动系统输入阶跃形式的期望制动压力，分析其制动释放时间（从发出指令到反馈的制动压力为0.1MPa的时间）。

某车型(气压制动)进行制动释放时间测试,制动压力为 0.2MPa、0.3MPa、0.4MPa、0.5MPa、0.6MPa、0.7MPa 时,分析其制动释放时间(从发出指令到反馈的制动压力为 0.1MPa 的时间)。测试结果见表 3-5。

制动压力释放时间　　　　　　　　　　表 3-5

期望压力(MPa)	释放时间(ms)	期望压力(MPa)	释放时间(ms)
0.2	65	0.5	95
0.3	74	0.6	115
0.4	80	0.7	140

由试验数据分析可得:该系统的制动释放时间较短,能满足实际使用要求。

拓展阅读

近几年一些国际大型汽车零配件厂商和汽车厂进行了一些对于 EMB 制动系统的研究工作,也申请了一部分专利,而国内在此项目上的研究相对滞后,二汽、清华大学和南京航空航天大学进行过一些相关的研究工作。汽车行业的创新是一项巨大的系统工程,如果没有技术创新,就不能掌握汽车的核心技术。没有基础研究的长期储备和积累,技术创新与突破、应用与开发就成为无源之水、无本之木,最终只能是模仿、引进。我国汽车企业要在国际竞争中取得一席之地,必须要加强对基础研究的投入,它将促进汽车企业加快成为自主创新主体的步伐。

技能实训

(一)车轮制动器检修

1.准备工作
1)任务要求
按照技术手册和操作规范,完成车轮制动器的检修。
2)组织方式
学生以 6 人为一个任务小组进行分组,每组选出一名小组长,以小组为单位依次进行技能实训,每组小组长根据小组成员任务分工不同,确定不同任务的责任人,保证每位同学都能够参与实践操作。
3)实施准备
(1)安全要求及注意事项。
注意人身及设备安全,穿戴干净整洁的工作服,遵守场地安全规定,注意用电安全。正确使用游标卡尺、扭力扳手等工量具。
(2)场地设施。
装有废气抽排系统和消防设施的场地。
(3)配备 4 辆自动挡轿车。
(4)工具设备或耗材。

车轮制动器检修技能实训的工具设备或耗材见表3-6。

车轮制动器检修技能实训的工具设备或耗材　　　　表3-6

名称/数量	对应图片
举升机4台	
转向盘护套、变速杆手柄套、座位套、脚垫、翼子板和前格栅磁力护裙	
常用工具(4套)	
硅基润滑脂、摩擦块	

2. 实施步骤

车轮制动器检修技能实训的实施步骤见表3-7。

车轮制动器检修技能实训的实施步骤　　　　表3-7

操作步骤	参考图片
1)拆卸制动摩擦片 (1)举升并适当支承车辆。 (2)标记车轮相对于轮毂的位置,拆卸车轮总成。 (3)用螺丝刀将制动摩擦片的止动弹簧从制动钳中撬出并取下。 (4)脱开制动摩擦片磨损显示的插头连接。拆下盖罩。 (5)松开两个导向螺栓并从制动钳上取出。取下制动钳并用钢丝固定。 (6)将制动摩擦片从制动钳中取出或从制动器支架上取下。 注意:彻底清洁制动器支架上制动摩擦片的支承面,清除锈蚀。只能用酒精清洁制动钳	

续上表

操作步骤	参考图片
2)检测制动摩擦片 (1)检查内摩擦片的厚度,以确保其尚未过早磨损。可透过卡钳顶部的检查孔观察内摩擦片。 (2)检查外摩擦片两端。磨损最大的部位通常出现这些位置。记录检测数据并与极限值对比。 摩擦片厚度为14mm(不计背板厚度)为标准值,如果摩擦片厚度(不计背板厚度)为2mm,则表明制动摩擦片已达到磨损极限,必须予以更换(维修措施)	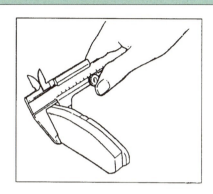
3)检查制动盘的状态 (1)检查制动盘是否存在下列故障:裂缝、刮痕、锈蚀(无锈层)、制动盘边缘的毛刺。如出现上述现象,可更换制动盘。 (2)注意:更换盘式制动摩擦片时,必须检查制动盘的磨损情况!检测制动盘,必要时更换,这是一种维修措施	检测项目 | 磨损极限 | 标准厚度 制动盘厚度 | 22mm | 25mm
4)安装制动摩擦片 (1)复位活塞。将外摩擦片安装在制动器支架上。 注意:在用活塞复位装置将活塞压入气缸前,必须从制动液储液罐内吸出制动液。否则,如果在此期间添加制动液,制动液会溢出并造成损坏。 (2)将带有止动弹簧的内摩擦片装入制动钳(活塞)中。 (3)用两个导向螺栓将制动钳拧在制动器支架上。 (4)装上两个盖罩。将止动弹簧装入制动钳里。 (5)连接制动摩擦片磨损显示的插头。 (6)安装车轮。使车轮和轮毂上原有的标记一致,安装车轮总成后,降下车辆。 注意:每次更换制动摩擦片后要在静止状态下多次将制动踏板用力踩到底,以便制动摩擦片进入与其运行状态相对应的位置。 更换制动摩擦片后检查制动液液位	
5)磨合制动摩擦片和制动盘 (1)更换制动摩擦片后,新制动面需要进行磨合。 (2)表面修整或更换制动盘后,磨合新制动面。 (3)在48km/h的车速下,进行20次制动,将新制动面进行磨合。 (4)用中等偏大的力踩制动踏板,制动器不能过热	

续上表

操作步骤	参考图片
6)复位和安装	
7)最终检查和5S	

(二)线控制动系统认知

1. 准备工作

1)任务要求

根据任务描述中的案例,让学生从实践中掌握线控系统的结构、工作原理。

2)组织方式

学生以6人为一个任务小组进行分组,每组选出一名小组长,以小组为单位依次进行技能实训,每组小组长根据小组成员任务分工不同,确定不同任务的责任人,保证每位同学都能够参与实践操作。

3)实施准备

(1)安全要求及注意事项。

注意人身及设备安全,按照实践区域要求进入实训区穿戴劳动防护用品,严格遵守实训区安全作业规程。

场地面积足够,无障碍物。

电路检测时,学员应在指定工作区域,以免随意走动造成干扰。

(2)场地设施。

满足理论及实践教学的工学一体化教学教室。

(3)工具设备或耗材。

线控制动系统认知技能实训的工具设备或耗材见表3-8。

线控制动系统认知技能实训的工具设备或耗材 表3-8

名称/数量	对应图片
线控制动实训台(4套)	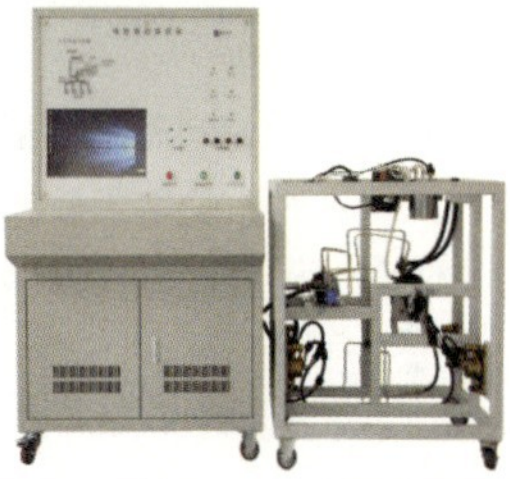

模块三　智能网联汽车线控制动技术

续上表

名称/数量	对应图片
万用表(4个)	

2. 实施步骤

线控制动系统认知技能实训的实施步骤见表3-9。

线控制动系统认知技能实训的实施步骤　　　　　表3-9

操作步骤	参考图片
1)接好控制柜电源线,打开控制柜左侧漏电保护开关,给设备通电	
2)双手扶住制动台架上横梁,右脚放到制动踏板上并用力踩下,可多踩踏几次,感受每次右脚用力的感受	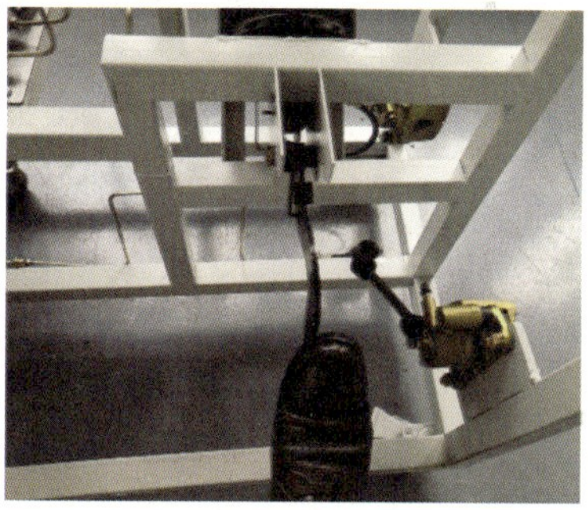
3)依次按下控制柜正面控制面板上的"总电源开关"按钮和"12V电源开关"按钮,指示灯亮起,给制动台架供电	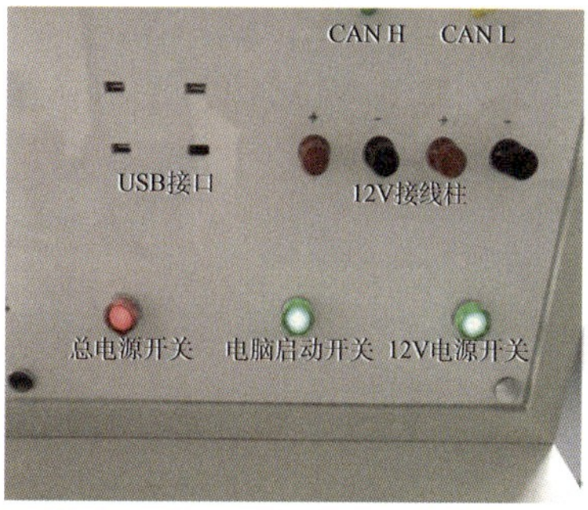

续上表

操作步骤	参考图片
4）设备通电后，可以明显听到电子真空泵开始工作抽取真空的声音。待电子真空泵停止工作后开始下一步动作。如果电子真空泵不工作，说明设备有问题，需要给设备断电后检查修复	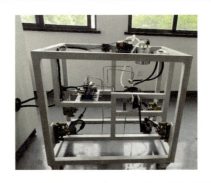
5）双手扶住制动台架上横梁，右脚放到制动踏板上并用力踩下，可多踩踏几次，感受每次右脚用力的感受	
6）接好万用表测量线并调至测量直流电压挡，将红色测量笔插入"CH1"，将黑色测量笔插入"CH2"，用右脚多次踩制动踏板直到电子真空泵开始工作，观察电压表读数变化并记录	
7）将万用表红色测量笔插入"CH3"，将黑色测量笔插入"CH4"，再次用右脚多次踩制动踏板直到电子真空泵开始工作，观察电压表读数变化并记录	

续上表

操作步骤	参考图片
8）操作完成后，关闭电源开关，设备按要求整理归位	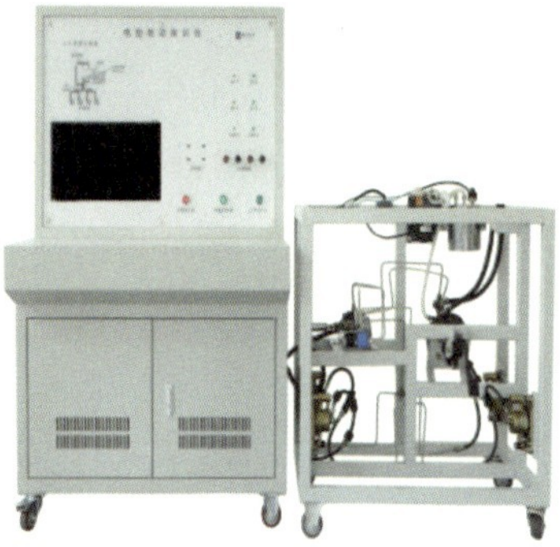

（三）线控制动系统性能测试

1. 准备工作

1）任务要求

（1）根据任务描述中的案例，需要学生掌握线控液压制动系统的性能测试。在组织教学的过程中，结合线控制动实训台，让学生从实践中掌握线控制动的性能测试。

（2）在线控制动实训台上，说明线控制动系统性能测试的要求和评价要求。

（3）在线控制动实训台上，规范进行线控制动系统性能测试。

2）组织方式

学生以6人为一个任务小组进行分组，每组选出一名小组长，以小组为单位依次进行技能实训，每组小组长根据小组成员任务分工不同，确定不同任务的责任人，保证每位同学都能够参与实践操作。

3）实施准备

（1）安全要求及注意事项。

注意人身及设备安全，按照实践区域要求进入实训区穿戴劳动防护用品，严格遵守实训区安全作业规程。

场地面积足够，无障碍物。

电路检测时，学员应在指定工作区域，以免随意走动造成干扰。

（2）场地设施。

满足理论及实践教学的工学一体化教学教室。

（3）工具设备或耗材。

线控制动系统性能测试技能实训的工具设备或耗材见表3-10。

2. 实施步骤

线控制动系统性能测试技能实训的实施步骤见表3-11。

线控制动系统性能测试技能实训的工具设备或耗材　　　　表 3-10

名称/数量	对应图片
线控制动实训台 4 套	

线控制动系统性能测试技能实训的实施步骤　　　　表 3-11

操作步骤	参考图片
1）接好控制柜电源线，将漏电保护开关按顺时针方向旋转 90°，给实训设备通电	
2）依次按下"12V 电源开关""电脑启动开关"两个按钮，两个按钮灯分别亮起，给设备及电脑通电	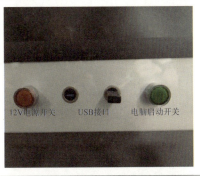
3）使用鼠标左键双击打开电脑屏幕中"iLadarDataCollect"软件	

续上表

操作步骤	参考图片
4)使用鼠标左键单击"iLadarDataCollect"软件中"Selection"命令,弹出下拉菜单,依次选中"RealPressure""TargetPressure"和"Sum Plot"三个命令	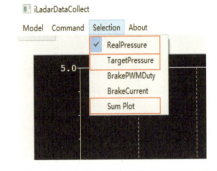
5)方波制动性能测试 (1)在制动系统的"Brake_Test"下面的命令菜单中的"Step"命令按钮中分别输入需要测试的制动压力值和时间数值。使用鼠标右键单击"Step"命令,当其颜色变成绿色,则开始测试。 注:压力数值可以是0~60之间任意数值	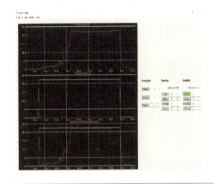
(2)观察电脑屏幕中的压力曲线,待曲线正常后,观察实际制动压力和理论制动压力曲线的偏差度	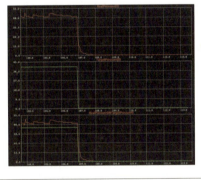
6)斜坡制动性能测试 (1)在制动系统的"Brake_Test"下面的命令菜单中的"Slope"命令按钮中分别输入需要测试的制动压力值和时间数值。使用鼠标右键单击"Slope"命令,当其颜色变成绿色,则开始测试。 注:压力数值可以是0~60之间任意数值	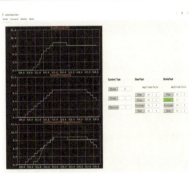

续上表

操作步骤	参考图片
（2）观察电脑屏幕中的压力曲线，待曲线正常后，观察实际制动压力和理论制动压力曲线的偏差度	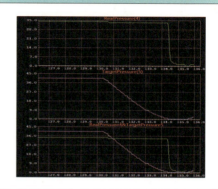
7）台阶制动性能测试 （1）在制动系统的"Brake_Test"下面的命令菜单中的"Footstep"命令按钮中分别输入需要测试的制动压力值和时间数值。使用鼠标右键单击"Footstep"命令，当其颜色变成绿色，则开始测试。 注：压力数值可以是 0～60 之间任意数值	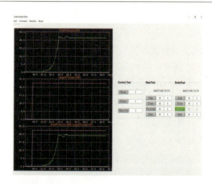
（2）观察电脑屏幕中的压力曲线，待曲线正常后，观察实际制动压力和理论制动压力曲线的偏差度	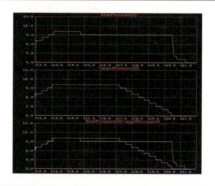
8）正弦制动性能测试 （1）在制动系统的"Brake_Test"下面的命令菜单中的"Sine"命令按钮中分别输入需要测试的制动压力值和时间数值。使用鼠标右键单击"Sine"命令，当其颜色变成绿色，则开始测试。 注：压力数值可以是 0～60 之间任意数值	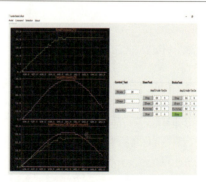

模块三　智能网联汽车线控制动技术

续上表

操作步骤	参考图片
（2）观察电脑屏幕中的压力曲线，待曲线正常后，观察实际制动压力和理论制动压力曲线的偏差度	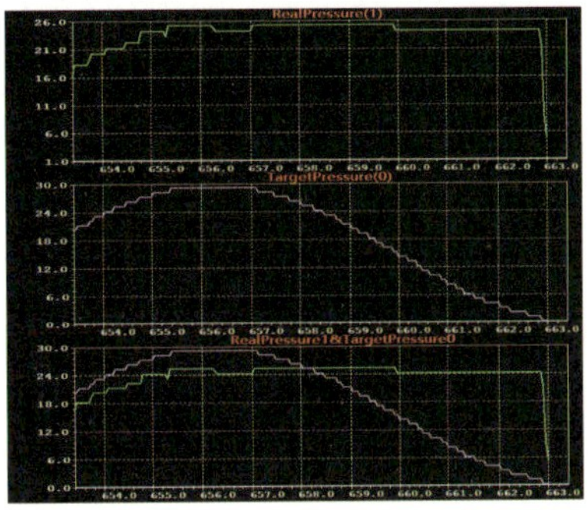
9）使用鼠标左键单击"iLadarDataCollect"软件中"Command"命令，弹出下拉菜单，然后使用鼠标左键单击"Save Data"命令可分别将测试数据和测试曲线图保存到电脑上	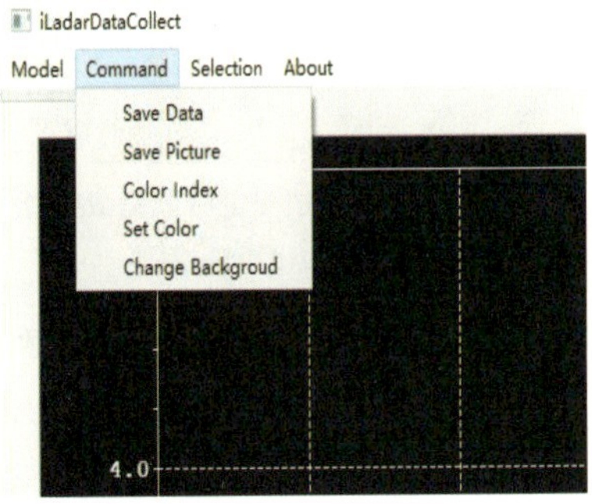
10）关闭电源总开关，将线控制动实训台整理归位	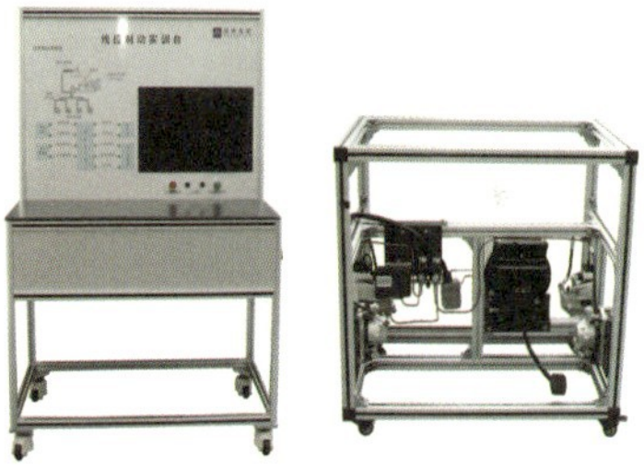

（四）评价与反馈

1. 自我评价与反馈

（1）是否遵守课堂纪律、是否认真听讲，占20%，成绩为_____。

（2）团队合作意识、尊重团队成员（包括老师和其他同学），占30%，成绩为_____。

（3）学习任务（工作任务）完成情况，占40%，成绩为_____。

（4）5S现场管理及环保意识、成本控制意识，占10%，成绩为_____。

2. 小组评价与反馈

（1）是否遵守课堂纪律、是否认真听讲，占20%，成绩为_____。

（2）团队合作意识、尊重团队成员（包括老师和其他同学），占30%，成绩为_____。

（3）学习任务（工作任务）完成情况，占40%，成绩为_____。

（4）5S现场管理及环保意识、成本控制意识，占10%，成绩为_____。

3. 教师评价及反馈

(1)是否遵守课堂纪律、是否认真听讲,占20%,成绩为_____。

(2)团队合作意识、尊重团队成员(包括老师和其他同学),占30%,成绩为_____。

(3)学习任务(工作任务)完成情况,占40%,成绩为_____。

(4)5S现场管理及环保意识、成本控制意识,占10%,成绩为_____。

综合评价的最终成绩为_____。

(五)技能考核标准

技能考核标准见表3-12。

技能考核标准　　　　　　表3-12

姓名:_____　　学号:_____

开始时间:____时____分　结束时间:____时____分　用时:_____

序号	项目	评价内容	评价分值	学生自评	学生互评	教师评价
1	时间要求	按规定时间完成技能实训,不占用其他小组时间	5			
2		小组分工明确、认知流程制订合理	5			
3		能按照手册规范进行车轮制动器检修	20			
4	质量要求	能正确指认线控动系统各部件	15			
5		能向同组同学阐述线控动系统各部件的具体作用	15			
6		能正确进行线控动系统性能测试	25			
7	安全要求	遵守安全操作规程	5			
8	文明要求	按文明生产规则进行操作	5			
9	环保要求	及时整理工具及现场,合理处理废弃物	5			
		本任务得分	100			

思考与练习

一、判断题

1. 行车制动(脚刹):通过制动踏板来实现车辆的减速。(　　)

2. 电子制动辅助系统"EBA"和制动力辅助系统"BA"(也称为"BAS")能够通过判断驾驶者的制动动作(力量及速度),在紧急制动时增加制动力,从而将制动距离缩短。(　　)

3. 防抱死制动系统(ABS)是一种具有防滑、防锁死等优点的汽车安全控制系统,已广泛运用于汽车上。(　　)

4. 制动过程中,ABS控制单元不断从车轮速度传感器获取车轮的速度信号,并加以处理,进而判断车轮是否即将被抱死。(　　)

5. 轮速传感器用于检测车轮的速度,这个速度信号会输入ABS ECU。(　　)

6. 车辆在湿滑的路面起步会出现打滑现象，这是 ABS 解决不了的。（　　）
7. ESP 系统可以实现车辆的纵向动力学和横向动力学的稳定性控制。（　　）
8. EHB 是一种线控制动（Brake-By-Wire）系统，是在传统的液压制动器基础上发展来的。（　　）
9. EHB 系统由于改变了压力建立方式，踏板力不再影响制动力，弥补了传统制动系统设计和原理所导致的不足，具有许多传统制动系统无法比拟的优越性。（　　）
10. EHB 所要实现的制动动作分为基本制动和控制制动。（　　）
11. EMB 以电能为能量来源，通过电动机驱动制动垫块，由电线传递能量，数据线传递信号。（　　）
12. 线控液压制动系统系统主要由制动踏板单元、电子控制单元、液压控制单元以及一系列的传感器组成。（　　）
13. HCU 一般由独立于制动踏板的液压控制系统和人力驱动的应急制动系统两部分组成。（　　）

二、选择题

1. ABS 主要由（　　）等部分组成。[多选题]
   A. ABS 控制单元　　　　　　　　B. 车轮车速传感器
   C. 液压控制单元　　　　　　　　D. 制动控制电路
2. 制动过程中，ABS 控制单元不断从（　　）获取车轮的速度信号，并加以处理，进而判断车轮是否即将被抱死。
   A. 车轮车速传感器　　　　　　　B. 加速踏板
   C. 电动机　　　　　　　　　　　D. CAN 总线
3. EHB 用电子元件替代传统制动系统中的部分（　　），即用综合制动模块取代传统制动系统中的助力器、压力调节器和 ABS 模块。
   A. 机械元件　　　　　　　　　　B. 电子元件
4. EHB 系统通过（　　）实现车辆稳定性控制。
   A. 车轮制动　　　　　　　　　　B. 转向盘
5. EMB 以电能为能量来源，包括（　　）等优点。[多选题]
   A. 结构简单，体积小　　　　　　B. 反应灵敏
   C. 工作稳定，维护简单
6. 下列选项中不属于 EHB 优点的是（　　）。
   A. 制动响应时间短　　　　　　　B. 制动可靠性高
   C. 制动距离缩短
7. 下列选项中不属于 EHB 缺点的是（　　）。
   A. 成本较高　　　B. 制动可靠性高　　　C. 易受干扰
8. 线控制动系统与原车制动系统兼容，在原系统基础上（　　）一套液压制动系统。
   A. 串联增加　　　B. 并联增加　　　C. 替换

模块四 智能网联汽车线控驱动技术

学习目标

▶ **知识目标**

1. 能正确描述机械式节气门的结构及工作原理;
2. 能正确描述节气门位置传感器的作用、结构和原理;
3. 能正确描述加速踏板位置传感器的作用、结构和原理;
4. 能正确描述线控驱动系统的定义及特点;
5. 能够正确叙述线控驱动系统的测试方法。

▶ **技能目标**

1. 能够依据企业/行业标准和规范,正确使用检测设备对线控驱动系统进行检测;
2. 能够依据测试标准,对线控驱动系统进行标定和测试。

▶ **素养目标**

1. 通过对线控驱动系统的检测,培养学生严谨的工作态度和精益求精的工匠精神;
2. 通过小组合作完成学习任务,培养学生的团队精神;
3. 通过查询、检索、总结,培养学生自主学习的能力和创新精神;
4. 通过制订计划和展示汇报,培养学生较好的逻辑思维和表达能力。

建议课时

- 16 课时

传统汽车车速控制

很早以前,在传动发动机上,加速踏板与发动机是采用机械式连接,在化油器时代,通过拉杆或者拉线直接控制发动机的节气门开度,从而控制发动机进气量。节气门是发动机进气总管上的一个阀门,它控制空气的进入,节气门打开越大,发动机进入的空气越多,如图4-1所示。

传统机械式节气门是加速踏板与节气门形成刚性连接,直接操纵节气门开度,从而控制进入发动机燃烧室的燃油量,节气门开度增大,供油量就会增加,发动机转速提高,反之,则转速下降,从而实现对汽车行驶速度的控制。系统结构如图4-2所示。

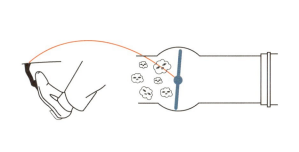
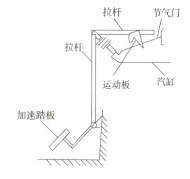

图4-1 节气门控制原理简图　　图4-2 传统机械式节气门系统结构图

传统的节气门控制系统结构简单,但机械结构易磨损,且对供油的控制不够精准,节气门开度仅取决于加速踏板的位置,因而无法确保发动机处于最佳工作状态。

二、线控驱动系统的应用

(一)线控驱动系统的定义

线控驱动系统(Drive-By-Wire,DBW)根据驾驶员动作和汽车各种行驶信息,分析驾驶员意图,精确控制动力装置(发动机或驱动电机)输出功率和车轮驱动力以提高汽车动力性、经济性和操纵稳定性。对于传统内燃机汽车,加速踏板与节气门之间通过电信号进行控制来取代原来的机械传动,这种形式又被称为线控节气门(Throttle-By-Wire,DBW),线控节气门主要由加速踏板、踏板位移传感器、电控单元(ECU)、数据总线、伺服电动机和节气门执行机构组成,如图4-3所示。

对于电动汽车,驱动执行器即为驱动电机,其可能是单电机(中央驱动电机),也可是多轮独立电机。电动汽车线控驱动系统一般由整车控制器、电机控制器、驱动电机、机械传动装置等组成,如图4-4所示。

整车控制器根据驾驶员对车辆的操纵输入(加速踏板、制动踏板以及选挡开关)、车辆状态、道路及环境状况,经分析和处理,向电机控制器发出相应的指令,控制电机的驱动转矩来驱动车辆,以满足驾驶员对车辆驱动的动力性要求;同时根据车辆状态,向电机控制器发出相应指令,保证安全性、舒适性。

图4-3 线控节气门结构图

电机控制器通常属于二级控制器,按整车控制器的指令和驱动电机的转速、位置信号,对驱动电机的驱动转矩和旋转方向进行控制,电机控制器与驱动电机必须配套使用。目前,驱动电机主要采用调压、调频等方式调速,取决于选用的驱动电机类型。动力蓄电池以直流电方式供电,若选用直流电机,则通过DC/DC变换器进行调压调速控制;若选用交流电机,则通过 DC/AC 变换器进行调频调压矢量控制;若选用磁阻电机,则通过控制其脉冲频率来进行调速。

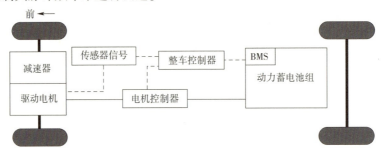

图 4-4　电动汽车线控驱动控制

驱动电机需要承担电动机和发电机的双重功能,在正常行驶时将电能转化为机械能发挥其电动机的功能;在减速制动时将车轮的惯性动能转换为电能。根据汽车行驶时的特性分析可知:汽车在起步和上坡时要求有较大的起动转矩、相当的短时过载能力、较宽的调速范围和理想的调速特性,即在低速时为恒转矩输出,在高速时为恒功率输出。

机械传动装置是将驱动电机的驱动转矩传输给汽车的驱动轴,从而带动车辆行驶。驱动电机本身具有良好的调速特性,故变速机构可被极大简化。电动汽车较多采用一种固定速比的减速装置放大驱动电机的输出转矩。驱动电机可带负载直接起动,且利用驱动电机实现正反向旋转,故可省略传统汽车的离合器、倒挡机构。轮毂电机在电动汽车乘用车领域已开始应用,分散驱动的"零传动"方式将彻底简化传动系统的机械部件。

(二)线控节气门的特点

如图 4-5 所示,线控节气门技术与传统节气门相比,通过用导线来代替拉索或者拉杆,由加速踏板位置产生的电信号给 ECU 来进行发动机控制。取消了踏板和节气门之间的机械连接,而是通过检测加速踏板的位移(这个位移代表了驾驶员的驾驶意图),把该位移信号传递给 ECU,进行计算处理得到最佳的节气门开度,再驱动节气门执行机构。线控节气门大大提升了信号传递速率和信息的准确性、可靠性,对汽车综合性能的提升起到了很重要的作用。

线控节气门具有以下特点:舒适性、经济性好;稳定性高且不易熄火;技术相对复杂,成本高;可靠性高;扩展和改装性强。

线控节气门技术在其功能应用层面有了较大扩展,尤其在汽车电控技术、智能技术高速发展的今天,该系统显得尤为重要。理论上控制汽车纵向运动的功能配置都会用到线控节气门,例如:自适应巡航系统(ACC)、牵引力防滑控制(TCS)和自动泊车(APA)等,配备这些功能的车上都标配了线控节气门。

(三)电子节气门系统的结构与工作原理

为了提高汽车行驶的安全性、动力性、平稳性及经济性,并减少排放污染,世界各大汽车制造商推出了各种控制特性良好的电子节气门及其相应的电子控制系统,组成电子节气门控制系统。采用电子节气门控制系统,使节气门开度得到精确控制,不但可以提高燃油经济性、减少排放,同时,系统响应迅速可获得满意的操控性能;另一方面,可实现怠速控制、巡航控制和车辆稳定控制等的集成,简化了控制系统结构。

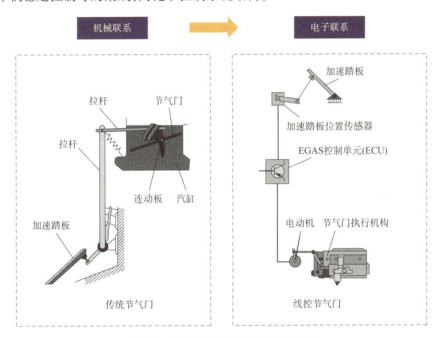

图4-5 传统节气门与线控节气门的区别

电子节气门系统(Electronic Throttle Control System,ETC)主要由加速踏板位置传感器(Accelerator Pedal Position Sensor,APPS)、节气门驱动电机(双向直流电机)、节气门位置传感器(TPS)、发动机控制模块(ECM)、故障指示灯(EPC)等组成。其结构如图4-6所示。

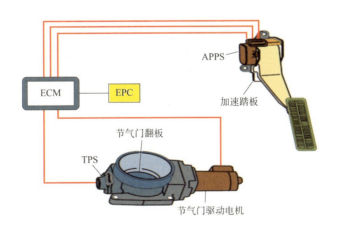

图4-6 电子节气门组成

加速踏板位置传感器(APPS)也称为油门踏板位置传感器,安装在加速踏板总成的顶部,节气门驱动电机和节气门位置传感器(TPS)位于电子节气门体总成中。加速踏板位置传感器(APPS)将加速踏板位置信息传送给ECM,ECM结合当前发动机的工况计算出最佳的节气门开度,并与节气门位置传感器(TPS)检测的当前节气门位置进行对比,然后向节气门驱动电机发出指令,控制节气门驱动电机工作,将节气门调整到合适的开度。

驾驶员操纵加速踏板,加速踏板位置传感器产生相应的电压信号输入控制单元,控制单元分析判断出驾驶员意图,并计算出对发动机转矩的基本需求,得到相应的节气门转角的基本期望值,然后再通过其他工况信息以及各种传感器信号如发动机转速、挡位、节气门位置、空调负载等了解其他功率需求,由此计算出整车所需求的全部转矩,通过对节气门转角期望值进行补偿,得到节气门的最佳开度,并把相应的电压信号发送到节气门驱动电机模块,节气门驱动电机使节气门达到最佳的开度位置。节气门位置传感器则把节气门的开度信号反馈给控制单元,形成闭环的位置控制。

电子节气门的特点是能通过调整节气门的位置来改变发动机的输出转矩,即使驾驶员没有踏动加速踏板也可调节发动机转矩。

1. 加速踏板位置传感器

加速踏板位置传感器检测踩下加速踏板行程大小和变化速率并将电压信号输入ECU。

电子节气门系统采用2个加速踏板位置传感器,也称之为"冗余设计",其结构如图4-7所示,以一汽大众迈腾发动机为例,G79、G185分别是两个加速踏板位置传感器。冗余设计可使两个传感器相互检测,当一个传感器发生故障时能及时被识别,在很大程度上增加了系统的可靠性,保证行车的安全性。

加速踏板位置传感器用于检测加速踏板的深度,即驾驶员的需求。该信号用于检测发动机负荷、驾驶员需求、怠速控制、定速巡航控制、换挡信号等。其结构如图4-8所示。

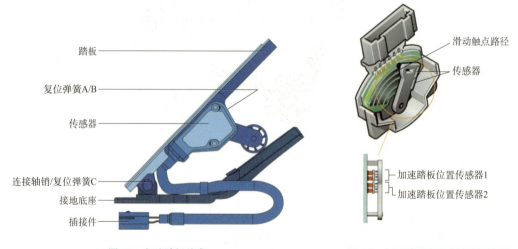

图4-7 加速踏板总成　　　　　　图4-8 加速踏板位置传感器结构图

加速踏板位置传感器有6根线,完全与发动机ECM相连,其中有两根电源线,两根搭铁线,两根信号线,电路图如图4-9所示。ECM向传感器提供基准电压,随着加速踏板位置的改变,两个传感器的信号电压也同步改变,一个传感器的信号电压增大,另一个传感器的信号电压是其2倍,反之减小,波形如图4-10所示。

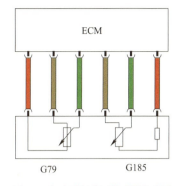
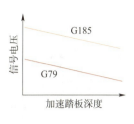

图 4-9　加速踏板位置传感器电路图　　图 4-10　加速踏板位置传感器信号

2. 节气门位置传感器

节气门位置传感器(Throttle Position Sensor,TPS),又称为节气门开度传感器或节气门开关,它是 ECM 计算点火时刻和喷油控制的主要传感器之一。

节气门位置传感器安装到节气门体(图 4-11)上,也是由两个无触点线性电位器传感器组成,且由 ECU 提供相同的基准电压。当节气门位置发生变化时,电位器阻值也随之线性地改变,由此产生相应的电压信号输入 ECU,该电压信号反映节气门开度大小和变化速率。为保证系统的工作可靠性及行车的安全性,该传感器采用了冗余设计。

图 4-11　节气门体总成
1-节气门驱动电机;2-节气门控制电路(包括节气门位置传感器);3-节气门;4-节气门轴

根据输出信号的特点,节气门位置传感器有开关量输出型(触点式)、线性输出型和综合型三类,多数车型使用线性输出型节气门位置传感器。按内部结构原理的不同,节气门位置传感器分为电位计型和霍尔元件型。电位计型节气门位置传感器属于接触式传感器,利用可变电阻原理。霍尔元件型属于非接触式传感器,利用霍尔效应原理,无接触磨损,工作可靠。按输出节气门位置的信号个数来分,节气门位置传感器可分为单信号型和双信号型。双信号输出型工作可靠、稳定。

目前,广泛应用的是双霍尔式节气门位置传感器,本节将重点介绍。

霍尔式节气门位置传感器由霍尔 IC(Integrated Circuit,集成电路)元件和可绕其转动的磁铁构成,霍尔元件固定不动,磁铁随节气门轴的转动而转动,安装位置如图 4-12 所示。磁铁与节气门同轴,当节气门打开时,节气门轴转动,磁铁随之转动,磁铁与霍尔 IC 之间相对位置的变化引起通过霍尔 IC 磁通的变化,因此霍尔 IC 便产生相应的霍尔电压。

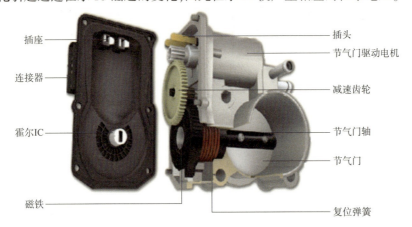

图 4-12 节气门位置传感器结构图

以一汽大众迈腾发动机为例,节气门位置传感器有 4 根线,完全与发动机 ECM 相连,其中有 1 根电源线,1 根搭铁线,两根信号线。节气门驱动电机有两根控制线,分别与发动机控制模块 ECM 相连接,电路如图 4-13 所示。其中,J338 为节气门控制单元,G187 和 G188 为两个节气门位置传感器,G186 为节气门控制电机。

节气门位置传感器信号的大小可以随着节气门开度的增加而增大,也可以随着节气门开度的增加而减小。对于双信号输出的节气门位置传感器,两路信号可以随着节气门开度的变化同向增加或减小,也可以采用一路信号增加、另一路信号减小的差动方式输出,具有反向互补交替变化的特点,如图 4-14 所示。

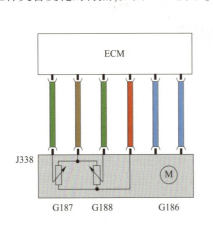

图 4-13 节气门位置传感器电路

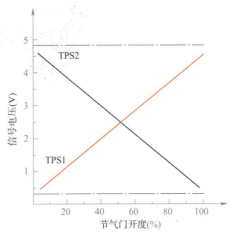

图 4-14 节气门位置传感器信号变化

3. 控制单元(ECM)

控制单元是整个系统的核心,由信息处理模块和电机驱动电路模块两部分组成。信息处理模块接受来自加速踏板位置传感器的电压信号，经过处理后得到节气门的最佳开度，并把相应的电压信号发送到电机驱动电路模块。电机驱动电路模块接收来自信息处理模块的信号，控制电机转动相应的角度，使节气门达到或保持相应的开度。此外，控制单元还对系统的功能进行监控，如果发现故障，将点亮系统故障指示灯，提醒驾驶员系统有故障。

4. 节气门驱动电机

节气门驱动电机一般为步进电机或直流电机，两者的控制方式也有所不同。驱动步进电机常采用 H 桥电路结构，控制单元通过发出的脉冲个数、频率与方向控制电平对步进电机进行控制。电平的高低控制步进电机转动的方向，脉冲个数控制电机转动的角度，即发出一个脉冲信号，步进电机就转动一个步进角，脉冲频率控制电机转速，转速与脉冲频率成正比。因此，通过对上述三个参数的调节可以实现电机精确定位与调速。

控制直流电机采用脉冲宽度调制（PWM）技术，其特点有频率高、效率高、功率密度高与可靠性高。控制单元通过调节脉宽调制信号的占空比，来控制直流电机转角的大小，电机方向则是由和节气门相连的复位弹簧控制的。电机输出转矩和脉宽调制信号的占空比成正比。当占空比一定，电机输出转矩与复位弹簧阻力矩保持平衡时，节气门开度不变；当占空比增大时，电机驱动力矩克服复位弹簧阻力矩，节气门开度增大；反之，当占空比减小时，电机输出转矩和节气门开度也随之减小。

5. EPC 灯

EPC 是 Electronic Power Control 的缩写，意思是发动机功率电子调节，在仪表台上有对应的报警灯，该指示灯用于监控汽油发动机的电子功率控制系统。在接通点火开关后，该灯亮 3s，如果故障存储器内没有故障记录或者在这段时间内没有识别出故障的话，该灯就又熄灭了。系统出现故障时，发动机控制单元会接通该灯，故障存储器内也会记录下故障。

（四）电子节气门控制策略

1. 基于发动机转矩需求的节气门控制

传统节气门的开度完全取决于驾驶员的操作意图。电子节气门的开度并不完全由加速踏板位置决定，而是控制单元根据当前行驶状况下整车对发动机的全部转矩需求，计算出节气门的最佳开度，从而控制电机驱动节气门到达相应的开度。因此，节气门的实际开度并不完全与驾驶员的操作意图一致。

电子节气门的开度是由控制单元根据整车转矩需求获得所需的理论转矩，而实际转矩通过发动机转速、点火提前角和发动机负荷信号求得。在发动机转矩调节过程中，控制单元首先将实际转矩与理论转矩进行对比，如果两者有偏差，发动机电控系统将通过适当的调节作用使实际转矩值和理论转矩值一致。

2. 传感器冗余设计

电子节气门系统采用 2 个踏板位置传感器和 2 个节气门位置传感器，传感器两两反接，实现阻值的反向变化，即两个传感器阻值变化量之和为零。对两个传感器施加相同的电压，两者输出的电压信号也相应反向变化，且其和始终等于供电电压。

从控制角度上讲，使用一个传感器就可以使系统正常运转，但冗余设计可以使两个传感器相互检测,当一个传感器发生故障时能及时被识别,在很大程度上增加了系统的可靠性,保证行车的安全性。

3. 可选的工作模式

驾驶员可根据不同的行车需要,通过模式开关选择不同的工作模式,一般有正常模式、动力模式和雪地模式三种,区别在于节气门对加速踏板的响应速度不同。在正常模式下,节气门对加速踏板的响应速度适合于大多数行驶工况。在动力模式下,节气门加快对加速踏板的响应速度,发动机能提供额外的动力。在附着较差的工况下(比如:雪地,雨天)驾驶员可选择雪地模式驾驶车辆,此时节气门对加速踏板的响应降低,发动机输出的功率比正常情况下小,使车轮不易打滑,保持车辆稳定行驶。

4. 海拔高度补偿

在海拔较高的地区,大气压下降,空气稀薄,氧气含量下降,会导致发动机输出动力下降。此时电子节气门系统可按照大气压强和海拔高度的函数关系对节气门开度进行补偿,保证发动机输出动力和加速踏板位置的关系保持稳定。

5. 控制功能扩展及其原理

早期的电子节气门功能比较简单,在形式上采用一个机械式的主节气门串联一个电控的辅助节气门,往往只能实现某一单一的功能。现代电子节气门则独立成一个系统,可实现多种控制功能,既提高行驶可靠性,又使结构简化,成本降低。主要有如下控制功能:

1)牵引力控制(ASR)

牵引力控制系统又称驱动防滑系统。它的作用是当汽车加速时将滑移率控制在一定的范围内,从而防止驱动轮快速滑动。它的功能一是提高牵引力;二是保持汽车的行驶稳定。它通过减小节气门开度来降低发动机功率从而达到控制目的。原理如下:控制单元采集加速踏板位置、车轮速度和转向盘转向角度等信号,通过计算求得滑移率,并产生相应的控制电压信号,通过数据总线把信号传送至控制单元,依据此信号,控制单元将减小节气门开度来调整混合气流量,以降低发动机功率。此时控制单元对节气门发出的控制信号将不受驾驶员驾驶意图的影响,这样就可以避免驾车者的误操作。

2)巡航控制(CCS)

巡航控制系统又称为速度控制系统,它是一种减轻驾车者疲劳的装置。当驾驶员开启该系统时,车速将被固定下来,驾驶员不必长时间踩踏加速踏板。原理如下:车速传感器将车速信号输入控制单元,控制单元根据行驶阻力的变化输出信号自动调节节气门开度,当汽车阻力增大(上坡)和车速降低时,控制节气门开度增大,反之减小,使行驶车速保持稳定。

3)怠速控制(ISC)

电子节气门系统取消了怠速调节阀,而是直接由控制单元调节节气门开度来实现车辆的怠速控制。

4)减少换挡冲击控制

根据当前车速、节气门开度以及发动机转速等信号,控制单元选择合适的传动比,实现自动换挡。

(五)线控驱动系统的应用

1.线控驱动技术在混动/燃油车上的应用

针对燃油车和混合动力汽车,线控驱动现在基本是标准配置。定速巡航是线控驱动的基础应用,凡具有定速巡航功能的车辆都配备有线控驱动。从发展阶段来看,目前线控驱动渗透率接近100%,相对处于较成熟阶段。因此在自动驾驶的应用中,线控驱动的改装与实现也相对容易。

对于混动/燃油车,电子节气门控制系统已经不是最初的电机控制节气门的概念了,已经完成电子线控化。混动/燃油车驱动控制的核心在于发动机控制。加速踏板位置传感器由驾驶员控制输入,传统内燃机车想要实现线控驱动,首先需要实现加速踏板或节气门位置传感器的线控功能。

线控节气门控制策略如图4-15所示,当传感器监测到加速踏板高度位置有变化,会瞬间将此信息送往ECU,ECU对该信息和其他系统传来的数据信息(车速、车距、节气门开度、发动机转速等)进行运算处理,计算出一个控制信号,通过线路送到伺服电动机继电器,伺服电动机驱动节气门执行机构,数据总线则是负责系统ECU与其他ECU之间的通信。

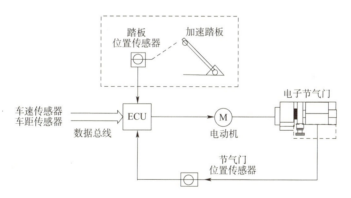

图4-15 线控节气门控制策略图

当节气门开度越大,电脑计算的喷油量也就越大,发动机转速会上升。当ECU识别出驾驶员的不科学做法时,会发出指令让节气门以预先设置的速度打开,而不是与驾驶员踩下踏板的速度同步。这样做除了能保护发动机,提高燃油经济性以外,还会使驾驶者感到非常平顺,没有冲击,提高了乘坐人员的舒适性。

线控驱动有以下几点好处:①可根据驾驶员踩下踏板的动作幅度判断驾驶员意图,综合车况精确合理控制节气门开度,以实现不同负荷和工况下发动机的空燃比都能接近于最佳理论状态——14.7∶1,使燃油经济性和驾驶舒适性同时达到最佳状态;②在收到踏板信号后会进行分析判断再给节气门执行机构发送合适指令,保证车辆稳定行驶。

2.线控驱动技术在纯电动汽车的应用

对于纯电动汽车而言,只有电源系统作为动力系统,这时加速踏板控制的是电机的转矩,它和整车控制器(VCU)、电机控制器(MCU)等一同实现车辆的加速。

如图 4-16 所示，驾驶员操纵加速踏板，经过踏板位置传感器将其信号转化为电信号，通过通信线传递给整车控制器（VCU）等控制模块，实现对车辆电机转速和转矩的控制。同时也可以对车辆的其他功能进行控制，例如：车辆行驶稳定系统（ESP）、牵引力防滑控制（TCS）等。

对于纯电动汽车而言，许多车厂使用线控驱动开发出了制动能量回收功能，当驾驶员减小踏板力时，系统认为驾驶员具有减速的需求，这时候通过 VCU 发送指令，在没有踩踏制动踏板的情况下，车辆实现制动能量回收，这个功能在业界称为"单踏板"。如图 4-17 所示。

图 4-16　线控驱动控制原理　　　　图 4-17　制动踏板和加速踏板

其工作原理是：一旦松开加速踏板，再生制动系统就会介入工作，通过回收动能降低车速；即它可以依靠单个踏板实现汽车的起步、加速、稳态、减速和停车全过程并在减速过程中同时实现能量回收，改变了传统的加、减速双踏板布置形式。目前采用"单踏板驾驶模式"的车型有：宝马 i3、雪佛兰 Bolt EV、特斯拉 Model X、长安 EV460、名爵 EZS 和日产 Leaf 等。

其中，"主踏板"分为三个主要控制行程，即加速行程、减速行程和恒速行程。加速行程是驾驶员踩下踏板的过程，随着踏板深度的增加输出驱动转矩随之增大；减速行程是驾驶员松开主踏板的过程，随着踏板深度的减少输出转矩由正转矩到负转矩变化；恒速行程是驾驶员松开踏板到某一深度区间内，电机输出转矩为零或是刚好与外界阻力相平衡。单踏板控制过程整车加速度变化曲线如图 4-18 所示。

"单踏板"驾驶模式可以降低驾驶员的劳动强度，避免在常规加、减速工况中频繁切换踏板，提高舒适性。提高了操作效率和能量回收效率，使得驾驶变得越来越简单，越来越智能。但也会增加安全隐患，因为在当前模式下，不管是手动挡还是自动挡，不管是燃油车、混动车还是绝大多数的纯电动汽车的制动踏板都是往下踩的，突然换成单踏板模式，遇到紧急情况时很容易习惯性地往下踩，即使意识到了，也有可能一时反应不过来，这样反而大大增加了行车的安全隐患。

目前加速踏板的主要供应商有博世（Bosch）、大陆（Continental）、电装（DENSO）、玛涅蒂马瑞利（Magneti Marelli）、日立（Hitachi）、德尔福（Delphi）等。

单踏板集成了"加速踏板"和"制动踏板"的功能，改变了传统的驾驶模式和驾驶方式，有效地提高了操作效率和能量回收效率，节能与便利一体化。但是需要新客户有一些适应的时间,并且驾驶全程都需要对踏板有所操作,否则会快速停车,也会对驾驶员造成一定的心理负担。

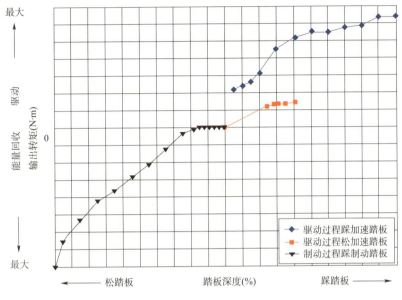

图 4-18 单踏板控制过程

3. 线控驱动技术的实现

对于开放电机转矩接口通信协议的车辆,可以使用电机转矩控制接口,直接通过 CAN 通信接口实现整车驱动力控制。

针对没有开放电机转矩接口通信协议的车辆,可以使用加速踏板进行驱动控制,通过加配线控驱动控制器,驱动控制器通过 IO 端口将目标电压发至电机控制器,实现整车驱动力控制。

三 线控驱动系统性能测试

(一)传统汽车线控驱动系统测试

1. 加速踏板位置传感器的检测

1)外线路检查

用万用表的电阻挡,分别测量加速踏板位置传感器各端子与对应的 ECU 端子之间的电阻值,来判断外线路是否存在短路及断路故障。

2)传感器电压值测量

关闭点火开关,拔下加速踏板位置传感器插头,点火开关置于 ON,测量线束侧插头端子与搭铁之间电压值是否符合维修手册的要求。

3)传感器电阻值测量

关闭点火开关,拔下加速踏板位置传感器插头,测量传感器侧端子之间电阻是否符合维修手册的要求。

4)数据流检测

用故障诊断仪读取系统数据流,涉及加速踏板位置传感器的数据流有3个:加速踏板1电位计电压值、加速踏板2电位计电压值、滤波前的加速踏板开度。

不踩动加速踏板时,加速踏板1电位计电压值应为0.7V左右,加速踏板2电位计电压值为0.35V左右,滤波前的加速踏板开度应为0%。

缓慢踩下加速踏板,上述3个数据流应同时变化,其变化规律如下:滤波前的加速踏板开度数值应逐渐增加至100%;加速踏板1电位计电压值与加速踏板2电位计电压值应同时增加,但是前者的瞬时数值等于后者数值的2倍。

2. 控制模式测试

目前,对加速踏板位置传感器信号(APPS)进行精确控制,主要有踏板机器人控制以及线控两种方式。

踏板机器人控制,是通过机器人根据速度的变化持续对踏板开度进行控制,从而达到控制车辆加速踏板深度的目的,优势是不管什么车辆,只要能安装上踏板机器人,就可以对车辆的加速踏板深度进行控制,劣势是踏板机器人成本高昂,设备安装烦琐耗时。

线控,是指模拟车辆加速踏板位置传感器信号,将信号传输到VCU,让VCU根据模拟信号对车辆的速度进行控制,优势是设备成本低,安装简单,只要是装备电子节气门的车辆都能够实现APPS的精确控制,达到对车速、转速、加速度等的精确控制,劣势是没有装备电子节气门的车辆无法使用线控。

综上所述,目前市场上绝大多数的汽车都是装备电子节气门的,可以说通过APPS线控来进行加速踏板深度的精确控制是首选,不但成本低,设备安装简单,控制效果也非常理想。

(二)智能网联汽车线控驱动系统性能测试

如图4-19所示,目标车速通过加速踏板位置传感器等传感元件输送给整车控制器(VCU),整车控制器对包括加速踏板位置传感器信号等所有输入信号进行分析处理,并将电机控制系统运行状态的信息发送给整车控制器。根据输入的加速踏板和制动踏板的信号,向电机控制器发出相应的控制指令,采用PWM信号(脉宽调制信号)通过改变三相交流电的电压和频率,实现驱动电机的转速和转矩的变化,对电机进行启动、加速、减速、制动控制,从而实现汽车在不同目标速度下安全行驶。在纯电动汽车减速和下坡滑行时,整车控制器配合电源系统的电池管理系统进行发电回馈,使动力蓄电池反向充电。

1. 加速度阶梯变化测试

针对线控驱动系统,为了实现加速度的精确控制,一般应进行多种加速度阶梯变化测试。在不同目标加速度幅值下,系统应能及时、准确地跟随目标加速度,满足各项测试指标,实现预期的线控驱动目的。

在加速度阶梯变化测试试验里,测试了在不同加速度($1m/s^2$、$3m/s^2$)的线控驱动系统的性能,绘制了试验曲线,进行了详细分析。以下各图横坐标均为时间,单位秒(s);车速纵坐标单位(km/h);加速度纵坐标为了便于观察,将其放大了100倍,单位(m/s^2)。

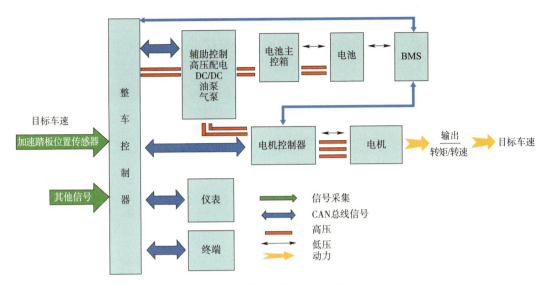

图4-19 线控驱动系统控制及工作策略

1)加速度为$1m/s^2$时的加速度变化测试曲线

如图4-20、图4-21所示,测试方法如下:

(1)初速度为0km/h或者怠速车速;

(2)发送阶跃变化加速度指令;

(3)记录参数:目标加速度、驱动加速度;

(4)测试条件:水平高附铺装路面、环境温度25℃左右。

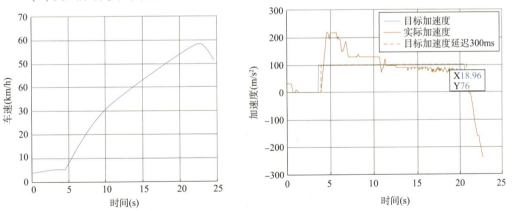

图4-20 目标加速度$1m/s^2$车速　　图4-21 目标加速度为$1m/s^2$时的目标加速度和实际加速度测试曲线

由图可知,目标加速度为$1m/s^2$,汽车达到稳态时的加速度为$0.76m/s^2$,稳态误差0.24(<0.5),可以满足设计要求。

2)加速度为$3m/s^2$时的加速度变化测试曲线

如图4-22、图4-23所示,测试方法如下:

(1)初速度为0km/h或者怠速车速;

(2)发送阶跃变化加速度指令;

(3)记录参数:目标加速度、驱动加速度;
(4)测试条件:水平高附铺装路面、环境温度25℃左右。

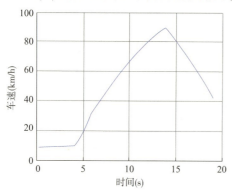

图4-22 目标加速度3m/s² 车速

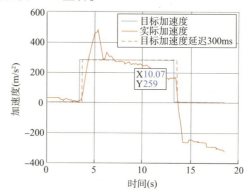

图4-23 目标加速度为3m/s² 时的目标加速度和实际加速度测试曲线

由图可知,目标加速度为3m/s²,汽车达到稳态时的加速度为2.59m/s²,稳态误差0.41 < 0.5,可以满足设计要求。

2. CAN 总线波形测试及数据分析

目前,线控驱动系统一般通过高速 CAN 进行联网,因此,应使用波形测试仪进行 CAN 总线波形测试。

(1)将线控底盘实训台架的点火开关置于 ON。

(2)使用示波器通道 1(CH1)和通道 2(CH2),检测线连接示波器通道接口。CH1 测量端连接 CAN-H 线,搭铁线连接车身搭铁点;CH2 侧两端连接 CAN-L 线,搭铁线连接车身搭铁点。

(3)打开示波器开关,选择显示 CH1 与 CH2,调节幅值按键,设定为 2V/Div,调节周期按键,设定为 0.05ms/Div,双通道采集 CAN 总线波形。

(4)如果系统正常,示波器显示结果如图 4-24 所示。

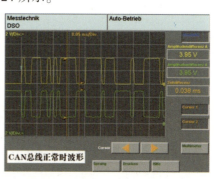

图4-24 CANalyst-II 分析仪及总线波形

(5)同时,打开 CANtest 上位机软件,设置波特率 500kbit/s,启用通道 0,读取 CAN 总线上数据。在"查看"菜单中,将数据显示格式调整为十六进制,如果可以找到 ID 为 0x301、0x310、0x311 与 0x312 的 4 种报文,并且显示发送与接收正常,说明整车控制器(VCU)与电机控制器(MCU)之间通信正常。

3. 各部分控制测试

1）线控驱动系统转速控制测试

（1）将线控底盘实训台架的点火开关置于 ON。

（2）断开整车控制器插接器，如图 4-25 所示。

（3）将 CAN 分析仪连接好通过 USB 方口数据线连接电脑。

（4）将 CAN 分析仪测量端口连接 CAN 总线预留接口或使用无损探针连接电机控制器 CAN 线，红色测量线连接 CAN-H，黑色测量线连接 CAN-L 线。

（5）打开 CANtest 上位机软件，设置波特率 500kbit/s，启用通道 0，读取 CAN 总线上数据。

图 4-25　断开整车控制器插接器

（6）使用 CANtest 软件发送转速调试报文，转速分别设定为 1000r/min、2000r/min、3000r/min，ID 为 0x301（十六进制）的报文，Byte0 数据设定为 A0（十六进制），并将相应测试转速转化为十六进制，将数据写入 Byte4～Byte5 字节，发送值周期设定为 30ms。

（7）转速稳定后，读取报文 0x311 中 Byte0～Byte1 的转速数据，与目标转速差距在 ±5% 以内。

2）驱动电机挡位控制测试

（1）将线控底盘实训台架的点火开关置于 ON 挡。

（2）断开整车控制器插接器。

（3）将 CAN 分析仪连接好通过 USB 方口数据线连接电脑。

（4）将 CAN 分析仪测量端口连接 CAN 总线预留接口或使用无损探针连接电机控制器 CAN 线，红色测量线连接 CAN-H，黑色测量线连接 CAN-L 线。

（5）打开 CANtest 上位机软件，设置波特率 500kbit/s，启用通道 0，读取 CAN 总线上数据。

（6）使用 CANtest 软件发送挡位调试报文，ID 为 0x301（十六进制），Byte6 数据分别设置为 0x00：P 挡、0x01：倒挡 R（反转）、0x02：N 挡、0x03：D 挡（正转）。发送周期 50ms。

拓展阅读

"单踏板驾驶模式"可以降低驾驶员的劳动强度，避免在常规加减速工况中频繁切换踏板，提高舒适性。提高了操作效率和能量回收效率，使得驾驶变得越来越简单，越来越智能。但反而也会增加安全隐患，因为在当前模式下，不管是手动挡还是自动挡，不管是燃油车、混动车还是绝大多数的纯电动汽车的制动踏板都是往下踩的，突然换成单踏板模式，遇到紧急情况时很容易习惯性地往下踩，即使意识到了，也有可能一时反应不过来，这样反而大大增加了行车的安全隐患。

所以，新事物不可避免地存在着弱点和不完善的地方，新事物的发展总是要经历由不完善到比较完善的过程，但事物发展的方向是前进的、上升的，我们要对未来充满信心，不断克服前进道路上的困难，勇敢地接受挫折与考验，促进新生事物的发展。

技能实训

(一)加速踏板位置传感器信号检测

1. 准备工作

1)任务要求

结合线控驱动系统实训台架,让学生通过对加速踏板位置传感器的检测,培养学生严谨的工作态度和精益求精的工匠精神。

2)组织方式

学生以 4~6 人为一个任务小组进行分组,每组选出一名小组长,以小组为单位依次进行技能实训,每组小组长根据小组成员任务分工不同,确定不同任务的责任人,保证每位同学都能够参与工作。

3)实施准备

(1)安全要求及注意事项。

注意人身及设备安全,按照实践区域要求进入实训区穿戴劳动防护用品,严格遵守实训区安全作业规程。

(2)场地设施。

满足理论及实践教学的工学一体化教学教室和实训场地。

配备线控驱动系统实训台架 4 台。

2. 实施步骤

1)连接测试仪器(表 4-1)

连接测试仪器　　　　　　　　　　表 4-1

操作步骤	参考图片
(1)设备 ON 挡上电	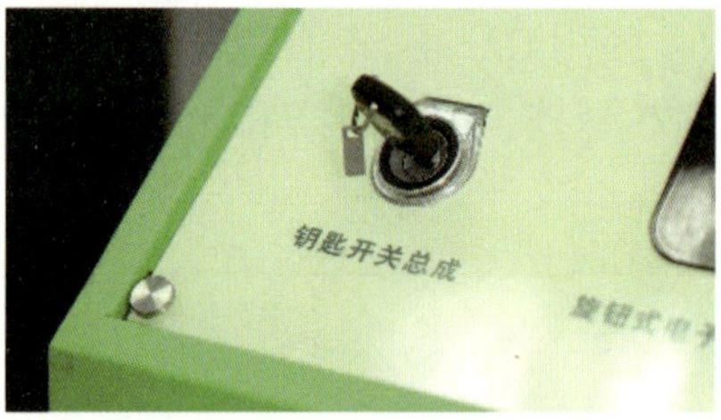
(2)组装示波器模块。 选择红色和黄色测试连接线,测试连接线的颜色与示波器模块通道颜色对应,连接线的测量端接红色刺针,接地端接黑色刺针	

续上表

操作步骤	参考图片
（3）红色测试连接线与加速踏板位置传感器连接器相接。 红色测试连接线的红色刺针从连接器后部滑入供电（PIN2）端子，黑色刺针滑入接地（PIN3）端子	
（4）黄色测试连接线与加速踏板位置传感器连接器相接。 红色测试连接线的红色刺针从连接器后部滑入供电（PIN1）端子，黑色刺针滑入接地（PIN5）端子	
（5）打开测试界面，打开测试连接线对应的通道，关闭其他未用通道。 选择自动读取波形，设置自动滤波	
（6）读取加速踏板位置信号1电源电压。 标准值为5V。若测量值为标准值则进入下一步；否则，需要对加速踏板位置信号1的供电线和接地线进行检测	
（7）读取加速踏板位置信号2电源电压。 标准值为5V。若测量值为标准值则进入下一步；否则，需要对加速踏板位置信号1的供电线和接地线进行检测	

2) 检查加速踏板位置传感器信号 1 和 2（表 4-2）

表 4-2 检查加速踏板位置传感器信号 1 和 2

操作步骤	参考图片
（1）位置信号输出电压测量准备。 红色测试连接线的红色刺针从连接器后部滑入位置信号 1 输出（PIN4）端子，黄色测试连接线的红色刺针从连接器后部滑入位置信号 2 输出（PIN6）端子	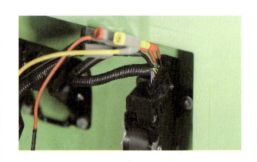
（2）不踩加速踏板，分别读取位置信号 1 和位置信号 2 的输出电压。 不踩加速踏板，位置信号输出参考值为信号 2：0.37V，信号 1：0.74V。若不符合，则说明加速踏板位置传感器有故障，需更换（更换前先检查插接器连接是否良好）	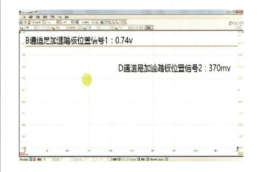
（3）踩加速踏板，使加速踏板深度在 0～100% 变化，读取位置信号 1 和位置信号 2 的输出电压。 加速踏板深度变化之后，传感器输出信号也随之发生变化。位置信号 1 测量值为位置信号 2 测量值 2 倍，若不符合，则说明加速踏板位置传感器有故障，需更换（更换前先检查插接器连接是否良好）	
（4）设备下电，断开低压蓄电池负极	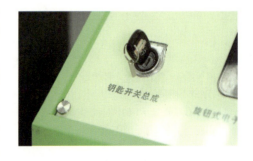

续上表

操作步骤	参考图片
(5)拔下整车控制器线束连接器 A	
(6)万用表调至欧姆挡,红表笔连接传感器连接器 4 号端子,黑表笔接连接器 A 的 6 号端子,测量位置信号 1 的信号输出线电阻。 标准值低于 0.5Ω。若有大于 0.5Ω 的阻值或者无穷大,均说明线路有故障,需要更换线束。若测量值是标准值,进行下一步	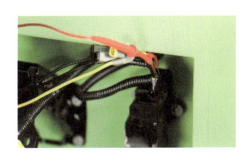
(7)红表笔连接传感器连接器 6 号端子,黑表笔接连接器 A 的 25 号端子,测量位置信号 2 的信号输出线电阻。 标准值低于 0.5Ω。若有大于 0.5Ω 的阻值或者无穷大,均说明线路有故障,需要更换线束。若测量值是标准值,故障未排除,则说明整车控制器故障,需更换整车控制器	

注:实际维修时解决当前操作过程中遇到的异常情况后,均需要检查故障是否已经排除,如果未排除则进入下一步操作;如果已经排除,则复原车辆,完成维修。

3)竣工检查

(1)检查各线缆所连接电源的极性是否正确、各高低压部件的绝缘性是否良好。

(2)检查各电器插接器连接是否到位、相应的插口或锁紧螺钉是否卡紧或拧紧、各个机械部件安装是否牢靠。

(3)确认所有部件安装完好后,起动车辆检查确定运行情况良好。

(4)向技术总监申请路试,确认车辆加速性能恢复。

(5)严格按照车间 5S 管理规范整理工位。

(二)评价与反馈

1. 自我评价与反馈

(1)是否遵守课堂纪律、是否认真听讲,占20%,成绩为_____。

(2)团队合作意识、尊重团队成员(包括老师和其他同学),占30%,成绩为_____。

(3)学习任务(工作任务)完成情况,占40%,成绩为_____。

(4)5S现场管理及环保意识、成本控制意识,占10%,成绩为_____。

2. 小组评价与反馈

(1)是否遵守课堂纪律、是否认真听讲,占20%,成绩为_____。

(2)团队合作意识、尊重团队成员(包括老师和其他同学),占30%,成绩为_____。

(3)学习任务(工作任务)完成情况,占40%,成绩为_____。

(4)5S现场管理及环保意识、成本控制意识,占10%,成绩为_____。

3. 教师评价及反馈

(1)是否遵守课堂纪律、是否认真听讲,占20%,成绩为_____。

(2)团队合作意识、尊重团队成员(包括老师和其他同学),占30%,成绩为_____。

(3)学习任务(工作任务)完成情况,占40%,成绩为_____。

(4)5S现场管理及环保意识、成本控制意识,占10%,成绩为_____。

综合评价的最终成绩为_____。

(三)技能考核标准

技能考核标准见表4-3。

技 能 考 核 标 准　　　　表4-3

姓名:_____　　学号:_____

开始时间:____时____分　　结束时间:____时____分　　用时:_____

序号	项目	评价内容	评价分值	学生自评	学生互评	教师评价
1	时间要求	按规定时间完成技能实训,不占用其他小组时间	5			
2	质量要求	小组分工明确、认知流程制订合理	5			
3		能正确指认线控驱动系统各部件	20			
4		能向同组同学阐述线控驱动系统各部件的具体作用	15			
5		能正确进行线控驱动系统信号测试	25			
6		能有序进行竣工检查及学习分享	15			
7	安全要求	遵守安全操作规程	5			
8	文明要求	按文明生产规则进行操作	5			
9	环保要求	及时整理工具及现场,合理处理废弃物	5			
		本任务得分	100			

思考与练习

一、判断题

1. 线控驱动系统中,两个加速踏板位置传感器相互检测,当一个传感器发生故障时能及时被识别,在很大程度上增加了系统的可靠性,保证行车的安全性。（　　）
2. 线控驱动系统中,踩加速踏板,两个加速踏板位置传感器的信号电压也同步改变,一个传感器的信号电压增大,另一个减小。（　　）
3. 线控驱动系统中,当节气门位置发生变化时,两个传感器产生相应的电压信号输入发动机电控单元。（　　）
4. 电子节气门能将驾驶员意愿经加速踏板传感器传送到发动机控制单元,控制单元再发出命令来调整节气门的位置。（　　）
5. 电子节气门系统主要包括加速踏板位置传感器、节气门位置传感器、控制单元、节气门驱动电动机、EPC 灯等。（　　）
6. 当节气门驱动电动机占空比增大时,电动机驱动力矩增大,节气门开度增大。（　　）
7. 连接加速踏板位置传感器连接器,点火开关置于 ON 位置,踩下加速踏板,检测信号线端子电压应在 0～12V 之间。（　　）
8. 节气门位置传感器把节气门的开度信号反馈给发动机控制单元,形成闭环的位置控制。（　　）
9. 发动机控制单元根据驾驶员意愿、尾气排放状况、油耗以及安全要求来确定节气门应处的位置。（　　）
10. 加速踏板位置传感器与发动机 ECU 相连的导线的电阻应小于 1Ω。（　　）

二、选择题

1. 当节气门驱动电动机占空比一定,电动机输出转矩与复位弹簧阻力矩保持平衡时,节气门开度(　　)。
   A. 增大　　　　　　　　　　B. 减小
   C. 不变　　　　　　　　　　D. 先增大后减小
2. 发动机起动后如果故障存储器内没有电子节气门系统故障记录,EPC 灯应该(　　)。
   A. 常亮　　　　　　　　　　B. 立即熄灭
   C. 闪烁　　　　　　　　　　D. 6s 后熄灭
3. 加速踏板位置传感器信号线电压变化范围(　　)。
   A. 在 1～5V 之间　　　　　　B. 在 0.5～1V 之间
   C. 在 0～5V 之间　　　　　　D. 在 0～10V 之间
4. 踩加速踏板,两个加速踏板位置传感器的信号电压变化规律是(　　)。
   A. 一个减小一个增大　　　　B. 不能确定
   C. 都增大　　　　　　　　　D. 都减小
5. 下列选项中哪一项与电子节气门系统无关？(　　)
   A. 发动机功率需求　　　　　B. 制动系统

C. 自动变速器 D. 中控门锁系统

6. 检测加速踏板位置传感器线路需要检测的内容是(　　)。[多选题]
   A. 检测电源电压
   B. 检测加速踏板位置传感器线路
   C. 检测加速踏板位置传感器输出信号
   D. 检测加速踏板位置传感器内部连接

7. 下列选项属于电子节气门系统的是(　　)。[多选题]
   A. 加速踏板位置传感器 B. 发动机控制单元
   C. EPC 灯 D. 节气门驱动电动机

8. 发动机控制单元是整个电子节气门系统的核心,它具有的功能是(　　)。[多选题]
   A. 收集传感器信号 B. 电动机驱动
   C. 信息处理 D. 系统状态监测

9. 节气门位置传感器有 4 根线,分别是(　　)。[多选题]
   A. 电源线 2 根 B. 电源线 1 根
   C. 信号线 2 根 D. 搭铁线 1 根

10. 下列选项中与发动机运转时节气门的具体开度有关的是(　　)。[多选题]
    A. 加速踏板位置 B. 发动机冷却液温度
    C. 发动机负载 D. 发动机排放

模块五 智能网联汽车线控系统改装

学习目标

▶ **知识目标**

1. 理解智能网联汽车线控系统整体改装方案的设计;
2. 了解线控底盘系统的底层控制器设计;
3. 掌握线控转向系统的 CAN 通信的控制原理;
4. 掌握线控制动系统的 CAN 通信的控制原理。

▶ **技能目标**

1. 能参照技术标准,完成线控底盘系统整体改装方案设计;
2. 能根据主机厂相关规范,进行线控系统的信号检测;
3. 能根据线控系统的 CAN 协议和数据说明,通过 CAN 分析仪发送数据对线控系统进行相应控制。

▶ **素养目标**

1. 具备良好的团结协作能力,能分工合作,高效完成任务;
2. 养成应用技术资料进行自学的职业能力,培养终身学习能力;
3. 注意人身及设备安全,穿戴劳动防护用品,严格遵守实训区安全作业规程,提高规范意识;
4. 通过改装设计过程中的质量把控,提高责任意识。

建议课时

16 课时

一 整体改装方案设计

本次任务主要是针对基于低速电动车的自动驾驶改装开发平台进行线控底盘系统整体改装方案设计,包括线控转向、线控制动和线控驱动系统的改装。平台主要实现固定线路点到点无人驾驶功能,包括人机交互、传感、控制和执行等模块,开放地图采集、循迹跟踪、障碍物检测等功能操作接口,并给出实时数据,如图 5-1 所示。

图 5-1 自动驾驶改装开发平台系统架构

(一)转向系统改装方案

为了实现自动驾驶的双驾双控功能,即在危险情况下系统主动介入和干预车辆的行驶控制,以及自主驾驶状态和人工驾驶状态的平顺切换,需要调整车辆的横向和纵向控制系统的设定。车辆的横向控制主要为转向控制,线控转向系统的改装技术指标如表 5-1 所示。

线控转向系统改装技术指标   表 5-1

类型	通信方式	驾驶模式	控制描述	功 能	性 能
转向	CAN	自动/人工	通过 CAN 指令控制转向盘角度、角速度	1.左转; 2.右转; 3.变速左转; 4.变速右转; 5.固定速度转向; 6.回正(转向盘中间位置)	1.转向盘角度范围:-540°~540°; 2.最大角速度:450°/s; 3.转向盘角度精度:<0.5°; 4.角速度精度:<1°/s; 5.响应时间:<100ms

注:转向系统响应时间指底层控制器接收控制命令时刻至转向盘产生 0.1°偏转的时刻的时间。

电动助力转向系统主要包括信号传感装置(包括转矩传感器、转角传感器和车速传感器)、转向助力机构(电动机、离合器、减速传动机构)及电子控制装置,它主要利用电动机产生的动力来帮助驾驶员进行转向,如图 5-2 所示。

转向控制单元含有电动机驱动控制电路、转角传感器检测电路、转矩传感器控制电路等。

进行线控化改造分为以下几个步骤:

(1)保留原车 EPS 助力功能。通过手/自动开关可自由切换电动机的控制状态,进而实现主动转向与液压助力转向的自由切换。

(2)加装转向盘转角传感器以及 CAN 总线数据

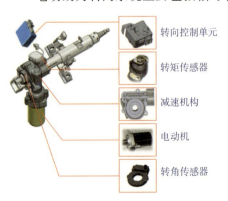

图 5-2 电动助力转向系统部件

接口,接收控制单元控制指令,并传输实时数据。关键信号:转角信号,转矩信号。

(3)重新改造线束,并将整套转向装置安装到位。

(4)调试控制器实现无人驾驶助力功能。

(5)调试控制器实现无人驾驶角度控制功能。

关键功能:转动转向盘能及时退出自动驾驶;改装后保留原有电动助力功能。改装示意图如图5-3所示。

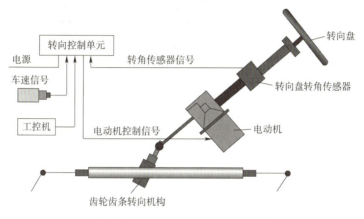

图5-3 线控转向系统改装方案示意图

(二)制动系统改装方案

车辆的纵向控制主要为加减速控制,自主驾驶系统是通过控制制动来实现对车辆的减速控制,进而实现车辆的跟车行驶、减速变道等工作。线控制动系统的改装技术指标如表5-2所示。

线控制动系统改装技术指标　　　　表5-2

类型	通信方式	驾驶模式	控制描述	功能	性能
制动	CAN	自动/人工	通过CAN指令控制减速、停车制动力	1.紧急制动; 2.常规行车制动	1.最大平均减速度:≥0.7g; 2.响应时间:<100ms; 3.最大制动压力建压时间:<500ms; 4.制动释放时间:<100ms

进行线控化改造分为以下几个步骤:

(1)保留原车的基础制动系统——液压双回路制动。

(2)在原车制动主缸下面加装经过改装的ESC(Electronic Stability Controller,车身电子稳定性控制系统)泵和保压电磁阀;ESC泵和电磁阀的电控部分与开发的控制器相连。

(3)控制器控制ESC泵输出压力油,采用制动主缸压力传感器监测制动减压,根据压力传感器反馈的压力数据来控制保压电磁阀打开或者关闭,从而输出不同的制动压力,结合轮速传感器信号形成闭环控制。

(4)调试驾驶员常规制动功能。

(5)调试控制器实现主动制动功能(当车辆处于无人驾驶时,ESC泵响应控制器发出的自主制动命令,根据控制器发出的目标制动压力请求实施主动制动)。

关键功能:踩下制动踏板能及时退出自动驾驶;改装后保留原有制动功能。改装示意图如图5-4所示。

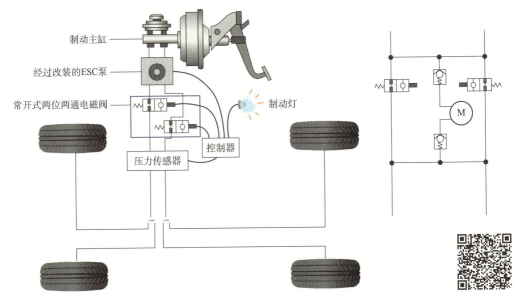

图5-4 线控制动系统改装方案示意图

线控制动应用

ESC泵内部两个电磁阀均为常开阀,需要AEB制动时,电动机工作,电磁阀关闭,产生制动压力,压力传感器反馈信号。外部增加常开式两位两通电磁阀为保压阀,当达到目标压力后,该电磁阀关闭。当压力不足时电磁阀打开,同时电动机工作,继续建压。可以预防ESC内部止回阀泄漏故障。制动完成泄压时,以上电磁阀断电,恢复常开状态,油液回制动主缸。

改装案例:对目标车型(吉利EV500)进行制动系统改装,加装ECU,加装轮缸与主缸压力传感器,加装压力采集电控单元及组合传感器,改装制动管路与线束,如图5-5、图5-6所示。

图5-5 基于ESC线控制动系统的实车改装

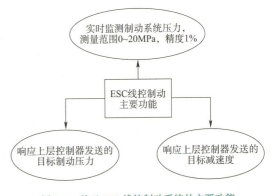

图5-6 基于ESC线控制动系统的主要功能

(三)驱动系统改装方案

驱动电机的控制包括转速控制和转矩控制两个方面。自动驾驶控制系统可通过 CAN 总线直接向底层控制系统发送控制指令,底层控制系统通过控制加速踏板模拟信号来实现对车辆的加速控制,进而实现车辆的跟车行驶、加速超车等工作。线控驱动系统的改装技术指标如表 5-3 所示。

线控驱动系统改装技术指标　　　　　　表 5-3

类型	通信方式	驾驶模式	控制描述	功能	性能
驱动	CAN	自动/人工	通过 CAN 指令控制	1. 加速; 2. 减速; 3. 定速	1. 最大平均加速度:≥0.5g; 2. 响应时间:<100ms

对于开放电机转矩接口通信协议的车辆,可以使用电机转矩控制接口,直接通过 CAN 通信接口实现整车驱动力控制。

针对没有开放电机转矩接口通信协议的车辆,进行线控化改造分为以下几个步骤:
(1)自主驱动控制由控制器发送虚拟挡位信号及加速踏板信号实现;
(2)挡位通过向 CAN 总线发送虚拟挡位信号实现;
(3)加速踏板位置通过 AD 模拟输出虚拟加速踏板信号实现。

线控驱动系统改装方案示意图如图 5-7 所示。

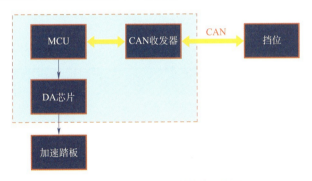

图 5-7　线控驱动系统改装方案示意图

底层控制器设计

为了更好地集成执行机构各接口信息,应设计整车无人驾驶控制器,实现车身 CAN 信息的获取和控制器命令的发送。本次任务主要是针对线控底盘系统进行底层控制器设计,满足控制需求。

底层控制器是根据决策层实时的二次路径规划和车辆运动模型,计算出实时的横、纵向控制指令,该指令根据车辆转向、制动、驱动等控制协议来完成车辆的运动状态控制,并加入双驾双控,使驾驶员能随时得到车辆控制权,同时车辆也能根据需要接替驾驶员的控制权限,提高车辆智能性、舒适性和安全性。

该控制器应包括以下几个模块：

(1) 车身 CAN 通信模块。

(2) 电源控制模块。

(3) 转向 CAN 通信模块。

(4) 转向人驾/机驾切换控制模块。

(5) 制动控制模块。

(6) 灯光控制模块。

(7) 信号调理模块。

(8) 与上位机通信模块（信号接口包括：车速、油门开度、制动主缸压力、转向角）。

底层控制器接口如图 5-8 所示。

AD/CAN（AD Analog to Digital Convert，模拟-数字信号转换）接口示意图如图 5-9 所示，接口定义如表 5-4 所示。

图 5-8 底层控制器接口

图 5-9 AD/CAN 接口示意图

AD/CAN 接口定义　　　　　　　　　　　　　　　　　　　　表 5-4

引　脚	定　义	引　脚	定　义
1	转矩 1	11	转矩 2
2	—	12	制动压力
3	—	13	—
4	整车 CAN0L	14	整车 CAN0H
5	控制 CAN1L	15	控制 CAN1H
6	—	16	加速踏板 pedalH（加速踏板信号）
7	—	17	加速踏板 CtrlH（加速踏板信号输出）
8	制动踏板开关	18	模式开关
9	GND	19	GND
10	5V +	20	12V +

AD/CAN 接口线束图如图 5-10 所示。

灯光驱动接口示意图如图 5-11 所示，接口定义如表 5-5 所示。

模块五　智能网联汽车线控系统改装

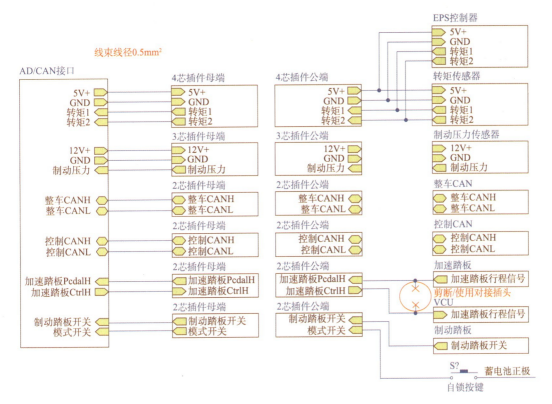

图 5-10　AD/CAN 接口线束

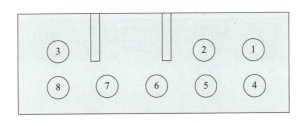

图 5-11　灯光驱动接口示意图

灯光驱动接口定义　　　　　　　　　　　　　　　　　表 5-5

引　脚	定　义	引　脚	定　义
1	右转向灯	5	—
2	—	6	加速踏板开关
3	保压阀+	7	制动灯
4	左转向灯	8	—

由 CAN 通信实时获取并显示当前车辆运行状态和周边环境信息,并通过图像显示、警示灯的形式,及时准确反馈当前车辆自动驾驶的提示信息。

109

三 线控转向系统 CAN 通信控制原理认知

线控转向系统是通过发送 CAN 信号,控制转向盘的自动转向。本次任务主要使学生了解线控转向系统的 CAN 通信的原理;了解线控转向系统的 CAN 协议和数据说明;掌握线控转向系统通过 CAN 发送数据控制转向角度的方法。

(一) CAN 总线基础知识

目前汽车上的网络连接方式主要采用两条 CAN,一条用于驱动系统的高速 CAN,速率达到 500kbit/s;另一条用于车身系统的低速 CAN,速率是 100kbit/s。

高速 CAN 主要连接对象是发动机控制器(ECU)、ABS 控制器、安全气囊控制器、组合仪表等,它们的基本特征相同,都是控制与汽车行驶直接相关的系统各个 CAN 之间的资源共享,并将各个数据总线的信息反馈到仪表板上。驾车者只要看看仪表板,就可以知道各个电控装置是否正常工作了。

与高速 CAN 相同,低速 CAN 也采用双绞线连接,分别传递 CAN-H 和 CAN-L 的信号,只是低速 CAN 传递信号的速度较慢,波形也与高速 CAN 不同,适合车上不需要特别高通信速率但需要较强抗干扰能力的节点用。

CAN 通信是基于报文的交换,报文与 CAN 标识符、数据长度代码(Date Length Code,DLC)一起打包,以数据帧的形式发送至 CAN 总线。信号有自己的属性,其属性影响包含该信号的报文的传输。

为保证 CAN 报文的正确传输,表 5-6 中定义了位和字节格式。

CAN 信息帧结构说明　　　　　　表 5-6

字节	位							
	Bit7	Bit6	Bit5	Bit4	Bit3	Bit2	Bit1	Bit0
Byte0	7	6	5	4	3	2	1	0
Byte1	15	14	13	12	11	10	9	8
Byte2	23	22	21	20	19	18	17	16
Byte3	31	30	29	28	27	26	25	24
Byte4	39	38	37	36	35	34	33	32
Byte5	47	46	45	44	43	42	41	40
Byte6	55	54	53	52	51	50	49	48
Byte7	63	62	61	60	59	58	57	56

每个数据场包括 1 到 8 个字节,每字节中位索引为位"0~7"。位"7"是最高有效位(msb),位"0"是最低有效位(lsb)。

CAN 数据帧发送顺序如表 5-7 所示。

CAN 数据帧发送顺序表　　　　　　表 5-7

Byte0								Byte1								…	Byte7							
7	6	5	4	3	2	1	0	15	14	13	12	11	10	9	8	…	63	62	61	60	59	58	57	56

举例：

假设消息 CAN_TX_MESSAGE Lsb Pos 为 12，Bit size 为 4，那么，该消息在整个 CAN 数据帧中的分布如表 5-8 所示。

CAN 数据帧发送顺序表　　　　表 5-8

字节	位							
	Bit7	Bit6	Bit5	Bit4	Bit3	Bit2	Bit1	Bit0
Byte0	7	6	5	4	3	2	1	0
Byte1	15	14	13	12 lsb	11	10	9	8
Byte2	23	22	21	20	19	18	17	16
Byte3	31	30	29	28	27	26	25	24
Byte4	39	38	37	36	35	34	33	32
Byte5	47	46	45	44	43	42	41	40
Byte6	55	54	53	52	51	50	49	48
Byte7	63	62	61	60	59	58	57	56

（二）CAN 数据的格式

在进行 CAN 总线的通信设计过程中，对于通信矩阵的建立，我们常常会选择一种编码方式，最常见的编码格式是 Intel 格式和 Motorola 格式。但是往往人们都是以一种习惯去选择，究竟两种格式具体的区别在哪里呢？我们需要明白两种格式对信号是如何排布的，又是按照什么顺序进行正确解析的。

首先我们需要明确一点，无论是 Intel 格式还是 Motorola 格式，在每个字节中，数据传输顺序都是从高位（msb）传向低位（lsb），如图 5-12 所示。

图 5-12　数据传输顺序

注：$x = 0, 1, 2, 3 \cdots \cdots 7$。

另外，一般主机厂设计人员在设计初期都会定义好字节的发送顺序，定义 Byte0 为 lsb，Byte7 为 msb。第一种情况：先发送 Byte0，然后 Byte1 到 Byte7；第二种情况：先发送 Byte7，然后 Byte6 到 Byte0。现在绝大部分主机厂都会采取第一种发送方法，很少会采取后者。

当一个信号的数据长度不超过 1 个字节（8 位）时，Intel 与 Motorola 两种格式的编码结果没有什么不同，完全一样。当信号的数据长度超过 1 个字节（8 位）时，两者的编码结果出现了明显的不同。

（1）信号的高位，即最能表达信号特性的因子，比如：十六进制数为 0x6A5，因为 6 代表的数量级最大（16^2），那么其中 6 就是其信号的高位。

（2）信号的低位，即最不能表达信号特性的因子，比如：十六进制数为 0x6A5，因为 5 代表的数量级最小（16^0），那么其中 5 就是其信号的低位。

（3）信号的起始位，一般来讲，主机厂在定义整车 CAN 总线通信矩阵时，其每一个信号都从其最低位开始填写,这样也符合使用习惯。所以信号的起始位就是信号的最低位。这也与 CANoe 中 CANdb + + 的定义 Startbit 含义一致。

1. Intel 格式

当一个信号长度不超过 1 个字节(8 位)并且信号在一个字节内实现(即,该信号没有跨字节实现)时,该信号的高位(S_msb)将被放在该字节的高位,信号的低位(S_lsb)将被放在该字节(lsb)的低位。这样信号的起始位就是该字节的低位。下面分别以 4 位和 8 位数据长度的两种信号为例进行说明,如图 5-13 所示。

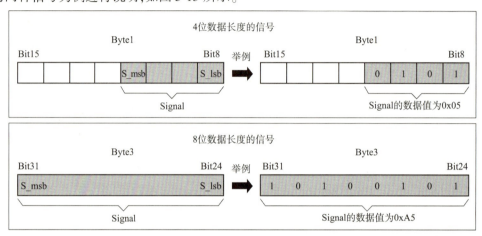

图 5-13 Intel 格式未跨字节数据帧发送顺序表

当一个信号的数据长度超过 1 个字节(8 位)或者数据长度不超过一个字节但是采用跨字节方式实现时,该信号的高位(S_msb)将被放在高字节(MSB)的高位,信号的低位(S_lsb)将被放在低字节(lsb)的低位。这样,信号的起始位就是低字节的低位。对于一个信号数据长度不超过一个字节但是采取跨字节方式实现的这种情况,因其对信号解析和编码及信号完整性都存在不利因素,所以主机厂一般不会采用这种编码结构,可以不用考虑。下面以 16 位数据长度的信号为例进行说明,如图 5-14 所示。

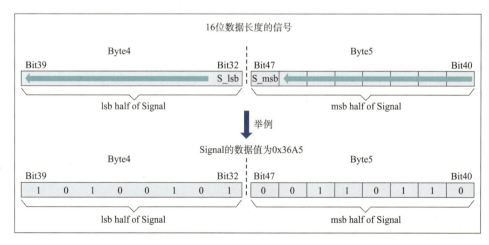

图 5-14 Intel 格式跨字节数据帧发送顺序表

2. Motorola 格式

当一个信号长度不超过1个字节(8位)并且信号在一个字节内实现(即,该信号没有跨字节实现)时,Motorola 格式未跨字节数据帧发送顺序表与 Intel 格式相同,如图 5-13 所示。

而当一个信号的数据长度超过1个字节(8位)或者数据长度不超过一个字节但是采用跨字节方式实现时,该信号的高位(S_msb)将被放在低字节(lsb)的高位,信号的低位(S_lsb)将被放在高字节(msb)的低位。这样,信号的起始位就是高字节的低位。下面以16位数据长度的信号为例进行说明,如图 5-15 所示。

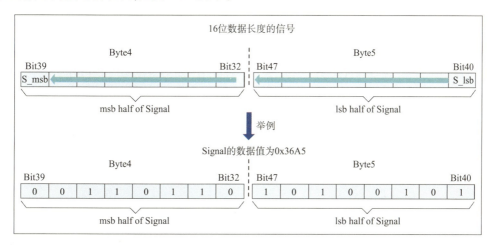

图 5-15 Motorola 格式跨字节数据帧发送顺序表

(三) 转向控制说明

线控转向系统主要由工控机、底层控制器和转向机构三部分构成,三者之间是通过CAN 线相连接。工控机将控制指令传递给底层控制器,底层控制器发出信号驱动转向机构转向。

整个转向系统的控制指令包括转向盘转角和转角的线性比例关系。转向系统的实际的转向盘转角由转角传感器确定,转角的线性比例关系由转矩传感器确定。

底层控制器接收到 CAN 数据后利用控制算法控制转向系统执行机构转过特定角度。底层控制器经过电动机驱动器控制电动机转动,经过齿轮传动到转向盘轴,带动转向盘转动实现对转向系统的控制。

本转向系统 CAN 数据编码格式是 Motorola 格式,数据帧如表 5-9 所示。

转向的 CAN 数据帧表　　　　　表 5-9

ID 地址	信号名称	Start Byte（开始字节）	Lsb Pos（最低有效位）	Bit size（位数）	Property	Value	Comment
00 00 00 E2	C_StrEnable	0	6	1	Disable	0	自动转向盘使能
					Enable	1	

续上表

ID 地址	信号名称	Start Byte（开始字节）	Lsb Pos（最低有效位）	Bit size（位数）	Property	Value	Comment
00 00 00 E2	C_MAMode	0	3	1	Disable	0	系统自动模式使能
					Enable	1	
	C_SteerAng	3	7	16	Signed	$E = N \times 0.1°$ $(0 < N \leq 32767)$ $E = (N - 65536) \times 0.1°$ $(N > 32767)$	转向盘转角控制信号

例如：发送给 ID 地址 00 00 00 E2 数据"48 00 00 03 84 00 00 00"，可以在看到转向盘向左旋转 90°。

注：1. 所需发送数据中，仅最低有效字节位有效，其余位置数据为无效数据，可以任意设计成 0 或者 1。

2. 上例中 48 值为 16 进制，转换成 2 进制的值为 0100 1000，按照 CAN 数据帧发送顺序则 Bit7 至 Bit0 的顺序与上述 2 进制值对应，则可以得出 Bit6 对应值为 1，其对应的 C_StrEnable 为 Enable，系统为转向盘转动模式；同理，Bit3 对应值为 1，其对应的 C_MAMode 为 Enable，系统为自动驾驶模式。

3. 转向盘的转角控制信号需要 16 位，即 2 个字节，开始字节为 3，因此转向盘转向角度的有效字节为 Byte3 和 Byte4 两个字节，上例中，Byte3 和 Byte4 两个字节对应的数值为 03 84，为 16 进制，转换成 10 进制的值为 900，按照公式 $E = N \times 0.1°(0 < N \leq 32767)$，$E = 900 \times 0.1 = 90°$，方向为向左转。所以当发射数据"48 00 00 03 84 00 00 00"时，会显示车转向盘向左转 90°。

四 线控制动系统 CAN 通信控制原理认知

线控制动系统是通过发送 CAN 信号，控制制动轮缸进行制动。本次任务主要使学生了解线控制动系统的 CAN 通信的原理；了解线控制动系统的 CAN 协议和数据说明；掌握线控制动系统通过 CAN 发送数据建立制动压力的方法。

线控制动系统主要由工控机、底层控制器和制动系统三部分构成，三者之间是通过 CAN 线相连接。工控机将控制指令传递给底层控制器，底层控制器发出信号驱动制动主缸释放压力给制动轮缸。底层控制器接收到 CAN 数据后利用控制算法向制动主缸发送油压指令，同时关闭电磁阀以确保在制动管路中建立制动压力，油压传递给车轮的四个制动轮缸，驱动制动卡钳以建立制动力。

本制动系统 CAN 数据编码格式是 Motorola 格式，数据帧如表 5-10 所示。

例如：发送给 ID 地址 00 00 00 E2 数据"88 00 0A 00 00 00 00 00"，制动系统的制动压力是 1MPa。

模块五　智能网联汽车线控系统改装

制动的 CAN 数据帧表　　　　　表 5-10

ID 地址	信号名称	Start Byte（开始字节）	Lsb Pos（最低有效位）	Bit size（位数）	Property	Value	Comment
00 00 00 E2	C_BrkEnable	0	7	1	Disable	0	自动制动使能
					Enable	1	
	C_MAMode	0	3	1	Disable	0	系统自动模式使能
					Enable	1	
	C_Pressure	2	7	8	Signed	$E = N \times 0.1 (\text{MPa})$	制动压力控制信号

注：1. 所需发送数据中，仅最低有效字节位有效，其余位置数据为无效数据，可以任意设计成 0 或者 1。

2. 上例中 88 值为 16 进制，转换成 2 进制的值为 1000 1000，按照 CAN 数据帧发送顺序则 Bit7 至 Bit0 的顺序与上述 2 进制值对应，则可以得出 Bit7 对应值为 1，其对应的 C_BrkEnable 为 Enable，系统为自动制动模式；同理，Bit3 对应值为 1，其对应的 C_MAMode 为 Enable，系统为自动驾驶模式。

3. 制动压力控制信号需要 8 位，即 1 个字节，开始字节为 2，因此 2 字节上的数值即为制动压力数值。上例中，Byte2 字节对应的数值为 0A，为 16 进制，转换成 10 进制的值为 10，按照公式 $E = N \times 0.1 (\text{MPa})$，制动压力 $E = 10 \times 0.1 = 1 (\text{MPa})$。所以当发射数据"88 00 0A 00 00 00 00 00"时，会给制动轮缸 1MPa 的制动压力。

拓展阅读

在自动驾驶系统中，对汽车的控制执行系统的线控改装，是必不可少的工作。有了这部分，自动驾驶的执行命令才能得到执行、反馈、调优。曾经丰田就因线控油门故障陷入一起诉讼，因此在对汽车进行线控化改造过程中，安全是最为重要的一环，对参数进行不断测试、反馈、修正，发扬精益求精的工匠精神，保障使用者生命财产安全，正是汽车行业工作者必备的职业素养。

技能实训

（一）自动驾驶改装开发平台认知

1. 准备工作

1）任务要求

（1）根据任务分析内容，通过海报形式分组完成线控底盘系统整体改装方案设计进程表，并对时间、资源做出合理分配。

（2）针对海报设计内容进行讲解，锻炼学生语言组织及表达能力。

（3）在组织教学的过程中，结合自动驾驶改装开发平台，让学生从实践中认知自动驾驶改装开发平台各部分控制原理,实现模拟驾驶功能。

2)组织方式

学生以 4~6 人为一个任务小组进行分组,每组选出一名小组长,以小组为单位依次进行技能实训,每组小组长根据小组成员任务分工不同,确定不同任务的责任人,保证每位同学都能够参与工作。

3)实施准备

(1)安全要求及注意事项。

注意人身及设备安全,按照实践区域要求进入实训区穿戴劳动防护用品,严格遵守实训区安全作业规程。

在部件认知、插拔高压维修开关实践过程中注意不要随意触动自动驾驶改装开发平台的线束、零部件等。

在进行车辆遥控操作时,要注意车辆周围障碍物,刚开始时要速度慢一些,避免车辆发生碰撞。

(2)场地设施。

满足理论及实践教学的工学一体化教学教室和实训场地。

(3)工具设备或耗材。

自动驾驶改装开发平台认知技能实训的工具设备或耗材见表 5-11。

表 5-11 自动驾驶改装开发平台认知技能实训的工具设备或耗材

名称/数量	对应图片
自动驾驶改装开发平台实训设备(4 辆)	
海报纸、笔(若干)	

2. 实施步骤

1)海报设计

请根据任务分析内容,通过海报形式分组完成线控底盘系统整体改装方案设计进程表(表 5-12),并对时间、资源做出合理分配。各组针对海报进行讲解,通过自评、互评、师评完成修正反馈,形成一致性结论。

模块五　智能网联汽车线控系统改装

线控底盘系统整体改装方案设计进程表　　　　　　　　　　　　　　　　　　　表5-12

序号	任务分解	具体内容	预估完成时间(天/人)	资源调配

2）模拟驾驶

模拟驾驶实施步骤见表5-13。

模拟驾驶实施步骤　　　　　　　　　　　　　　　表5-13

操作步骤	参考图片
1）拔出急停开关按钮，将钥匙插入钥匙孔，拧至"Start"挡，驾驶车辆到达实训场地	
2）打开车载控制机柜：将控制柜钥匙插入钥匙孔，向右拧90°，拉开柜门即可	
3）顶层控制器供电：轻按顶层控制器电源键一次，电源键右边蓝色指示灯常亮表明开机成功	

续上表

操作步骤	参考图片
4）传感器供电：依次按下传感器控制盒上部的4个电源键，电源键上有指示灯亮起，给激光雷达、毫米波雷达、摄像头和显示器供电	 按键在上部
5）打开显示器：在副驾驶位置前方是工控主机显示器。在右图箭头指示位置找到显示器电源开关，打开显示器电源	
6）连接无线网络：在显示器右下角找到无线设备，操作键盘和鼠标，连接到无线网络或移动共享热点	
7）打开千寻软件：在工控主机硬盘中找到"NTRIPClient"文件，运行其中的"应用程序"	
8）设置千寻软件：软件打开后会自动运行，如需设置，鼠标单击"Edit"按钮，会出现如右图对话框，可进行设置、修改，单击"OK"后保存退出	

模块五　智能网联汽车线控系统改装

续上表

操作步骤	参考图片
9）千寻软件运行状态判断：如右图红色框内进度条有绿色显示，表明数据通信正常	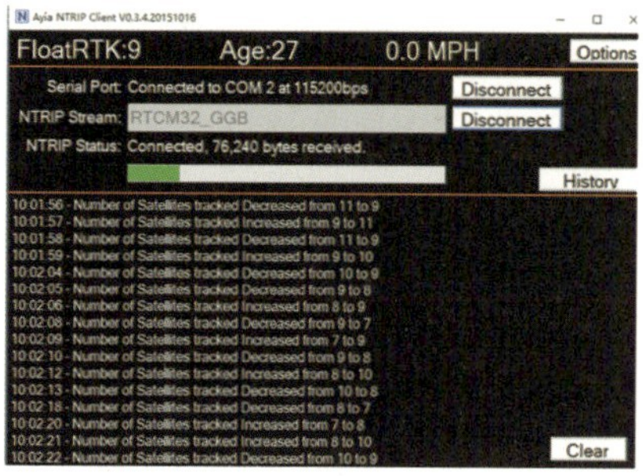
10）打开自动驾驶软件：在工控主机中找到文件"AUTO DRIVE"，然后使用鼠标左键双击打开应用程序"iLader-DataCollect"，进入操作界面	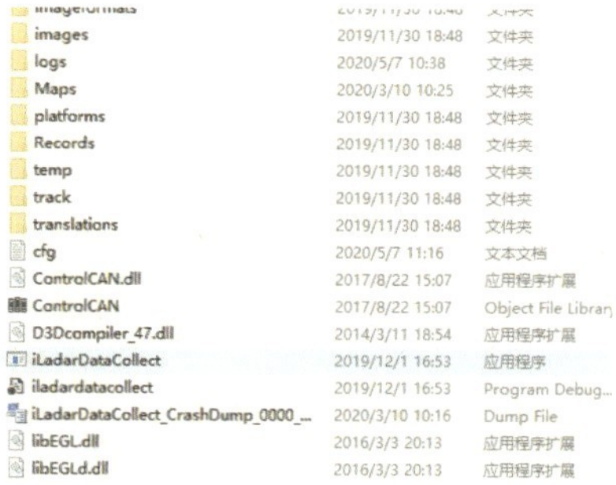
11）运行自动驾驶软件后会出现右图所示界面。依次打开右上方自动驾驶传感器开关，成功打开后，按钮底色变绿，并显示传感器所收集数据	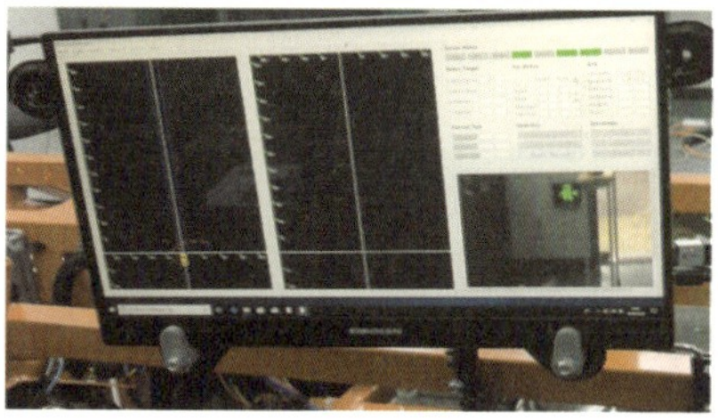
12）人机交互系统打开完成后，可进行自动驾驶相关知识学习和操作	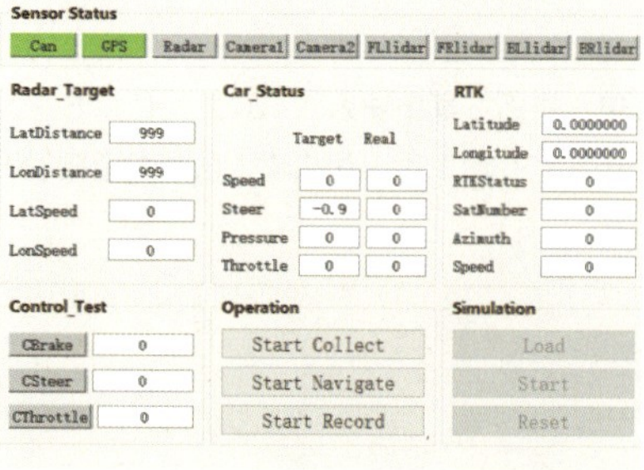

119

续上表

操作步骤	参考图片
13）模拟自动制动：鼠标单击"CBrake"按钮，按钮底色变绿后在按钮右边的方框中输入 0～100 之间任意数字（单位 0.1MPa，最大压力 10MPa），教具车自动制动系统开始工作。此时能听到制动泵建压声音	
14）模拟自动转向：鼠标单击"CSteer"，按钮底色变绿后在按钮右边的方框中输入 -540～540 之间任意数字，教具车自动转向系统开始工作。数值为正，方向向右转；数值为负，方向向左转	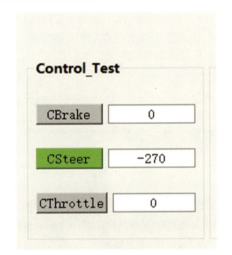
15）模拟自动加速：鼠标单击"CThrottle"按钮，底色变绿后在按钮右边的方框中输入 0～20 之间任意数字，教具车线控驱动系统开始工作。如果输入值超过上限，则按最高限速执行	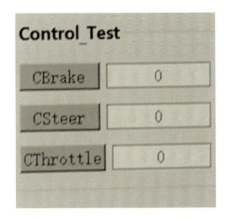

续上表

操作步骤	参考图片
16）任务完成后,将车辆和工具整理归位	

（二）自动驾驶改装开发平台控制信号检测

1. 准备工作

1）任务要求

（1）在组织教学的过程中,结合自动驾驶改装开发平台,让学生从实践中认知自动驾驶改装开发平台各部分电路信号。

（2）使学生能够了解自动驾驶改装开发平台各部分控制原理。

（3）使学生能够熟练检测自动驾驶改装开发平台各控制电路信号。

2）组织方式

学生以 4～6 人为一个任务小组进行分组,每组选出一名小组长,以小组为单位依次进行技能实训,每组小组长根据小组成员任务分工不同,确定不同任务的责任人,保证每位同学都能够参与实践操作。

3）实施准备

（1）安全要求及注意事项。

注意人身及设备安全,按照实践区域要求进入实训区穿戴劳动防护用品,严格遵守实训区安全作业规程。

在部件认知、插拔高压维修开关实践过程中注意不要随意触动自动驾驶改装开发平台的线束、零部件等。

在进行车辆遥控操作时,要注意车辆周围障碍物,刚开始时要速度慢一些,避免车辆发生碰撞。

(2)场地设施。

满足理论及实践教学的工学一体化教学教室和实训场地。

(3)工具设备或耗材。

自动驾驶改装开发平台控制信号检测技能实训的工具设备或耗材见表5-14。

自动驾驶改装开发平台控制信号检测技能实训的工具设备或耗材　　表5-14

名称/数量	对应图片
自动驾驶改装开发平台实训设备(4辆)	
万用表(4个)	
海报纸、笔若干	

2. 实施步骤

自动驾驶改装开发平台控制信号检测技能实训的实施步骤见表5-15。

自动驾驶改装开发平台控制信号检测技能实训的实施步骤　　　表 5-15

操作步骤	参考图片
1）拔出急停开关按钮,将钥匙插入钥匙孔,拧至"Start"挡,驾驶车辆到达实训场地	
2）打开车载控制机柜:将控制柜钥匙插入钥匙孔,向右拧 90°,拉开柜门即可	
3）顶层控制器供电:轻按顶层控制器电源键一次,电源键右边蓝色指示灯常亮表明开机成功	
4）传感器供电:依次按下传感器控制盒上部的 4 个电源键,电源键上有指示灯亮起,给激光雷达、毫米波雷达、摄像头和显示器供电	 按键在上部

123

续上表

操作步骤	参考图片
5）打开自动驾驶软件：在工控主机中找到文件"AUTO DRIVE"，然后在二级目录中找到"应用程序"，鼠标双击运行该程序	

（1）加速踏板信号检测：

将万用表旋至测直流电压挡，按照下表内容，测量自动驾驶改装开发平台加速踏板信号。

序号	描述	电压标准值(V)	对应底层控制器针脚	备注
1	加速踏板供电正极	72		由 MCU 供电
2	加速踏板供电负极	0	19	
3	加速踏板信号	0~4.5	16	踩踏板观察变化
4	加速踏板开关信号	0/72	6	

（2）制动信号检测：

将万用表旋至测直流电压挡，按照下表内容，测量自动驾驶改装开发平台制动信号。

序号	描述	电压标准值(V)	对应底层控制器针脚	备注
1	模式开关信号	0/12	18	切换自动驾驶模式
2	液压力传感器供电	12	20	由底层控制器供电
3	液压力传感器信号	0~5	12	AEB 制动时
4	液压力传感器接地	0	9	
5	保压阀供电	12	3	AEB 制动时
6	保压阀接地	0	19	
7	制动踏板开关信号	0/12	8	

（3）转向信号检测：

将万用表旋至测直流电压挡，按照下表内容，测量自动驾驶改装开发平台转向信号。

序号	描述	电压标准值(V)	对应底层控制器针脚	备注
1	转矩传感器供电正极	5	10	由底层控制器供电
2	转矩传感器供电负极	0	19	
3	转矩传感器信号1	2.5~3	1	左打转向盘观察变化
4	转矩传感器信号2	2~2.5	11	

续上表

操作步骤	参考图片
6)任务完成后,将车辆和工具整理归位	

(三)线控转向系统 CAN 通信控制原理认知

1. 准备工作

1)任务要求

(1)根据任务描述中的案例,需要学生掌握线控液压转向系统 CAN 通信的相关原理。在组织教学的过程中,结合线控转向实训台,让学生从实践中掌握线控转向 CAN 通信控制原理。

(2)在线控转向实训台上,会使用 CAN 分析仪。

(3)在线控转向实训台上,能通过 CAN 分析仪发送数据使得转向盘转动相应角度。

2)组织方式

学生以 6 人为一个任务小组进行分组,每组选出一名小组长,以小组为单位依次进行技能实训,每组小组长根据小组成员任务分工不同,确定不同任务的责任人,保证每位同学都能够参与实践操作。

3)实施准备

(1)安全要求及注意事项。

注意人身及设备安全,按照实践区域要求进入实训区穿戴劳动防护用品,严格遵守实训区安全作业规程。

场地面积足够,无障碍物。

电路检测时,学员应在指定工作区域,以免随意走动造成干扰。

(2)场地设施。

满足理论及实践教学的工学一体化教学教室。

(3)工具设备或耗材。

线控转向系统 CAN 通信控制原理认知技能实训的工具设备或耗材见表 5-16。

线控转向系统 CAN 通信控制原理认知技能实训的工具设备或耗材　　表 5-16

名称/数量	对应图片
线控转向实训台 4 套	

2. 实施步骤

线控转向系统 CAN 通信控制原理认知技能实训的实施步骤见表 5-17。

线控转向系统 CAN 通信控制原理认知技能实训的实施步骤　　表 5-17

操作步骤	参考图片
1）接好控制柜电源线，将漏电保护开关按顺时针方向旋转 90°，给实训设备通电	
2）依次按下"总电源开关""电脑启动开关"两个按钮，两个按钮灯分别亮起，给控制柜内设备通电，待电脑开机完成后，按下"12V 电源开关"按钮，按钮灯亮起，给转向台架电机通电	

续上表

操作步骤	参考图片
3）使用鼠标左键双击打开电脑屏幕中"USB CAN TOOL"软件	
4）打开 CAN 分析仪软件，点击设备操作下拉菜单，点击启动 CAN 分析程序，将波特率设置为合适值后点击确定。 备注：设备的 CAN 分析仪波特率为 500kbit/s。不同的设备波特率不同，如果不知道波特率，可以先进行波特率测定后确定波特率	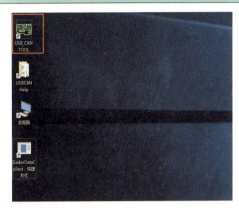
5）转向盘左转：将 ID 设置为"00 00 00 E2"，周期设置为 10ms，如果发送数据"48 00 00 03 84 00 00 00"，则看到转向盘向左旋转 90°	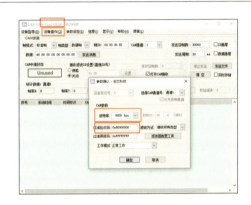
6）转向盘右转：将 ID 设置为"00 00 00 E2"，周期设置为 10ms，如果发送数据"48 00 00 FC 7C 00 00 00"，则看到转向盘向右旋转 90°	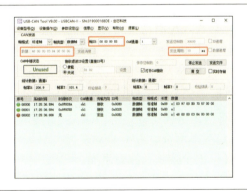

续上表

操作步骤	参考图片
7)关闭电源总开关,将线控转向实训台整理归位	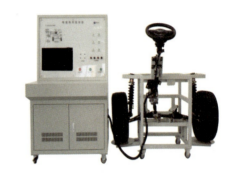

(四)线控制动系统 CAN 通信控制原理认知

1. 准备工作

1)任务要求

(1)根据任务描述中的案例,需要学生掌握线控液压制动系统 CAN 通信的相关原理,在组织教学的过程中,结合线控制动实训台,让学生从实践中掌握线控制动 CAN 通信控制原理。

(2)在线控制动实训台上,会使用 CAN 分析仪。

(3)在线控制动实训台上,能通过 CAN 分析仪发送数据使得制动轮缸建立相应压力。

2)组织方式

学生以 6 人为一个任务小组进行分组,每组选出一名小组长,以小组为单位依次进行技能实训,每组小组长根据小组成员任务分工不同,确定不同任务的责任人,保证每位同学都能够参与实践操作。

3)实施准备

(1)安全要求及注意事项。

注意人身及设备安全,按照实践区域要求进入实训区穿戴劳动防护用品,严格遵守实训区安全作业规程。

场地面积足够,无障碍物。

电路检测时,学员应在指定工作区域,以免随意走动造成干扰。

(2)场地设施。

满足理论及实践教学的工学一体化教学教室。

(3)工具设备或耗材。

线控制动系统 CAN 通信控制原理认知技能实训的工具设备或耗材见表 5-18。

模块五　智能网联汽车线控系统改装

线控制动系统 CAN 通信控制原理认知技能实训的工具设备或耗材　　　表 5-18

名称/数量	对应图片
线控制动实训台 4 套	

2. 实施步骤

线控制动系统 CAN 通信控制原理认知技能实训的实施步骤见表 5-19。

线控制动系统 CAN 通信控制原理认知技能实训的实施步骤　　　表 5-19

操作步骤	参考图片
1）接好控制柜电源线，将漏电保护开关按顺时针方向旋转 90°，给实训设备通电	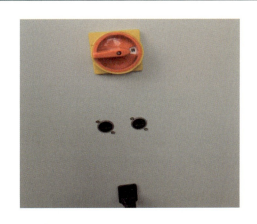
2）依次按下"总电源开关""电脑启动开关"两个按钮，两个按钮灯分别亮起，给控制柜内设备通电，待电脑开机完成后，按下"12V 电源开关"按钮，按钮灯亮起，给转向台架电机通电	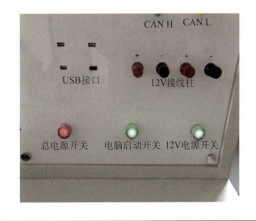

续上表

操作步骤	参考图片
3）使用鼠标左键双击电脑屏幕中"USB CAN TOOL"软件图标，打开测试软件	
4）打开CAN分析仪软件，点击设备操作下拉菜单，点击启动CAN分析程序，将波特率设置为合适值后点击确定。 注：设备的CAN分析仪波特率为500kbit/s。不同的设备波特率不同，如果不知道波特率，可以先进行波特率测定后确定波特率	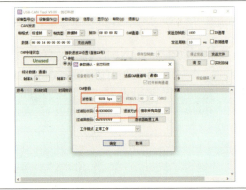
5）制动性能测试（建立1MPa的压力）：将ID设置为"00 00 00 E2"，周期设置为10ms，如果发送数据"88 00 0A 00 00 00 00 00"，则看到制动主缸开始工作，向制动轮缸提供1MPa的制动压力	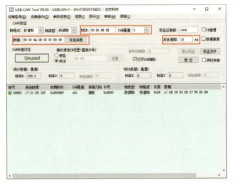
6）制动性能测试（建立2MPa的压力）：将ID设置为"00 00 00 E2"，周期设置为10ms，如果发送数据"88 00 14 00 00 00 00 00"，则看到制动主缸开始工作，向制动轮缸提供2MPa的制动压力	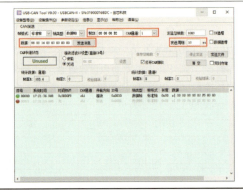

续上表

操作步骤	参考图片
7)关闭电源总开关,将线控制动实训台整理归位	

(五)评价与反馈

1. 自我评价与反馈

(1)是否遵守课堂纪律、是否认真听讲,占 20%,成绩为_____。

(2)团队合作意识、尊重团队成员(包括老师和其他同学),占 30%,成绩为_____。

(3)学习任务(工作任务)完成情况,占 40%,成绩为_____。

(4)5S 现场管理及环保意识、成本控制意识,占 10%,成绩为_____。

2. 小组评价与反馈

(1)是否遵守课堂纪律、是否认真听讲,占 20%,成绩为_____。

(2)团队合作意识、尊重团队成员(包括老师和其他同学),占 30%,成绩为_____。

(3)学习任务(工作任务)完成情况,占 40%,成绩为_____。

(4)5S 现场管理及环保意识、成本控制意识,占 10%,成绩为_____。

3. 教师评价及反馈

(1)是否遵守课堂纪律、是否认真听讲,占 20%,成绩为_____。

(2)团队合作意识、尊重团队成员(包括老师和其他同学),占 30%,成绩为_____。

(3)学习任务(工作任务)完成情况,占 40%,成绩为_____。

(4)5S 现场管理及环保意识、成本控制意识,占 10%,成绩为_____。

综合评价的最终成绩为_____。

(六)技能考核标准

技能考核标准见表 5-20。

技能考核标准　　　　　　　　表 5-20

姓名:_____　　学号:_____
开始时间:____时____分　　结束时间:____时____分　　用时:_____

序号	项目	评价内容	评价分值	学生自评	学生互评	教师评价
1	时间要求	按规定时间完成技能实训,不占用其他小组时间	5			
2	质量要求	小组分工明确,认知流程制订合理	5			

续上表

序号	项　　目	评 价 内 容	评价分值	学生自评	学生互评	教师评价
3	质量要求	能掌握自动驾驶改装开发平台模拟驾驶的操作方法;能掌握自动驾驶改装开发平台系统界面各功能键含义;能完成线控底盘系统整体改装方案设计	10			
4		能熟练测量自动驾驶改装开发平台制动系统控制信号;能熟练测量自动驾驶改装开发平台转向系统控制信号	25			
5		能正确使用CAN分析仪软件;能通过发送数据使转向盘左转相应角度;能通过发送数据使转向盘右转相应角度	20			
6		能正确使用CAN分析仪软件;能通过发送数据建立制动压力	20			
7	安全要求	遵守安全操作规程	5			
8	文明要求	按文明生产规则进行操作	5			
9	环保要求	及时整理工具及现场,合理处理废弃物	5			
		本任务得分	100			

思考与练习

一、判断题

1. 自动驾驶改装开发平台可以在任何情况下使用。（　　）
2. 自动驾驶改装开发平台搭载的设备使用前检查是没有必要的。（　　）
3. 自动驾驶改装开发平台只要插入车钥匙就能启动人机交互系统。（　　）
4. 线控转向系统主要由工控机、底层控制器和转向机构三部分构成,三者之间是通过CAN线相连接。（　　）
5. 车辆的横向控制主要为制动控制。（　　）

二、选择题

1. 发送给ID地址00 00 00 E2数据"48 00 00 03 84 00 00 00",可以在看到转向盘（　　）。
    A. 向左旋转90°　　B. 向右旋转90°　　C. 向左旋转45°　　D. 向右旋转45°
2. 自动驾驶改装开发平台自动驾驶时,挡位通过向（　　）发送虚拟挡位信号实现挡位控制。
    A. 电机解码器　　　B. 加速踏板　　　C. 电动机　　　D. CAN总线
3. 在跨字节时,Intel编码格式的起始位是以下哪个选项的低位:（　　）。
    A. 低字节　　　　　　　　　　B. 高字节
4. 转向盘转角的线性比例关系由以下哪个传感器确定:（　　）。
    A. 转角传感器　　　　　　　　B. 转矩传感器
5. 以下哪个选项接收到CAN数据后利用控制算法向制动主缸发送油压指令:（　　）。
    A. 底层控制器　　B. 工控机　　　C. ECU

参 考 文 献

[1] 赵宏,刘新宇.汽车发动机故障诊断与修复[M].北京:人民交通出版社股份有限公司,2018.

[2] 李妙然,邹德伟.智能网联汽车技术概论[M].北京:机械工业出版社,2019.

[3] 何仁基,周志雄,叶放郎.智能汽车线控底盘构造与维修[M].天津:天津科学技术出版社,2021.

[4] 李东兵,杨连福.智能网联汽车底盘线控系统装调与检修[M].北京:机械工业出版社,2021.